パリでメシを食う。

川内有緒

幻冬舎文庫

パリでメシを食う。

はじめに

日曜日の朝、サンジェルマン教会の鐘の音が街に響き渡る。

その時間、私はたいていバゲットとカフェオレだけの朝ご飯を食べているか、まだ布団の中でまどろんでいる。

「もう、鐘が鳴る時間か」

習慣のように、古い木枠の窓からぼんやりと小道を見下ろす。

カフェのウエイターが入り口に立ち、お客さんを待っている。小さな犬を連れた女性が、ゆったりと歩いている。若い観光客のカップルが立ち止まって地図を広げている。私が何年間も眺め続けた、ありきたりの風景。頭に浮かぶことも、たいてい同じ。

そう、そう。パリに住んでいるんだったなあ。

普段は意識しない不思議な人生の成り行きを思い出したあと、またいつもの日常に戻る。この街に流れ着いた、たくさんの日本人と同じように。

思えば、昔はパリなんてまるで興味がなかった。綺麗なだけでツンと気取った街だろうと想像していた。フランス語のグジュグジュした響きも、仰々《ぎょうぎょう》しいコース料理も、きらびやかなブティックも好きになれそうになかった。そんな私がパリに住むことになったのは、まったくの偶然だ。あの頃、日本以外ならどこでもよかったが、新しく見つけた仕事の勤務地が、たまたまパリだった。その報《しら》せを聞いて、なんだ、ブラジルやタイだったらよかったのにと思ったことを覚えている。

住み始めてすぐ、この街の日常生活にこまごまと苛立《いらだ》ち始めた。アパートは古くて陰気だし、日曜日はスーパーもデパートも閉まっている。カフェの店員は三回頼んでも水も持ってきてくれない。いくら待っても荷物の配達人はやってこない。溜まったイライラが頂点に達したあと、ついに全てがどうでもよくなった。すると、不思議なくらい突然にパッと視界が開けて、全く違う景色が見えた。あ、私はパリを誤解していたのかも。

周りのパリジャンたちを見回せば、誰もが気楽に自分のペースで生きていた。派手に愛し合い、笑い、よく食べて、遊ぶことに忙しそうで、電車の遅れもカフェの店員の横柄《おうへい》さも気にする暇がないようだった。もちろん、一通りの罵《のの》り言葉を叫ぶことも忘れないが。

そうか、それでいいのか。これがパリの生活なんだ。そう気づいたら、体から力が抜け、前よりも少し自由になった。それは、几帳面さと常識が幅を利かせる東京からやって来た私には、素晴らしい報せだった。

残業も休日出勤もない生活の中で、私は毎日のように街に出かけた。ギャラリーに、ホームパーティ、公園でのピクニック、たくさんの映画にレストランにバーに大学。行くべき場所、会うべき人は無限にあった。

　そして、行く先々に日本人がいた。


　ある時、アーティスト集団が不法に占拠した面白い建物があると聞いて訪ねると、そこにも日本人の女の子がいた。踊るようにフワフワとした雰囲気の少女のような人で、「不法占拠」というちょっと不穏な語感と彼女はいかにも不思議な取り合わせだった。

　私は尋ねた。

「どうやって、こんな所に住むことになったの？」

　壁に大きなヒビが入った部屋の一室で、絵の具の匂いに包まれながら、彼女はそれまでの人生を語り始めた。

「あたしね、呼ばれるようにここに来たの」

　切なくも温かく、痛快な話で、聞いている私はぞくぞくした。それは、長野で生まれた普通の女の子の身の上話であるのと同時に、パリが彼女の人生に与えた多くのものについての話だった。人はこんな風に生きていいんだと、胸がすっと軽くなった。

「こんなに面白い話なんだから、どこかで発表したらどうかな」と勧めたが、彼女はブログも持っていなかったし、世間の注目には興味がなさそうだった。思わず「それじゃあ、私が書いてみてもいい？」と勢いで聞いたら、彼女は目をパチパチとさせて「私について？　いいけど、本当に？　こんな話でいいの？」と驚きながら、もっと多くの話をしてくれた。

その他にも、色々な日本人に出会った。また面白い人がいると聞けば、自分から会いに行くこともあった。

ヨーヨーを手に、サーカス一座とフランス全土を旅する男の子。

ファッションブランドの代わりに、漫画喫茶を開いた若い夫婦。

フランス人に騙《だま》され無一文になったベテラン鍼灸師。

心躍る話を聞くたびに、思わず尋ねていた。

あなたの話を書いてみてもいいですか？

私の手元には、パリのあちこちで聞いた物語が、どんどん溜まっていった。そうやってできたのが、この本だ。

パリでメシを食う。

目次

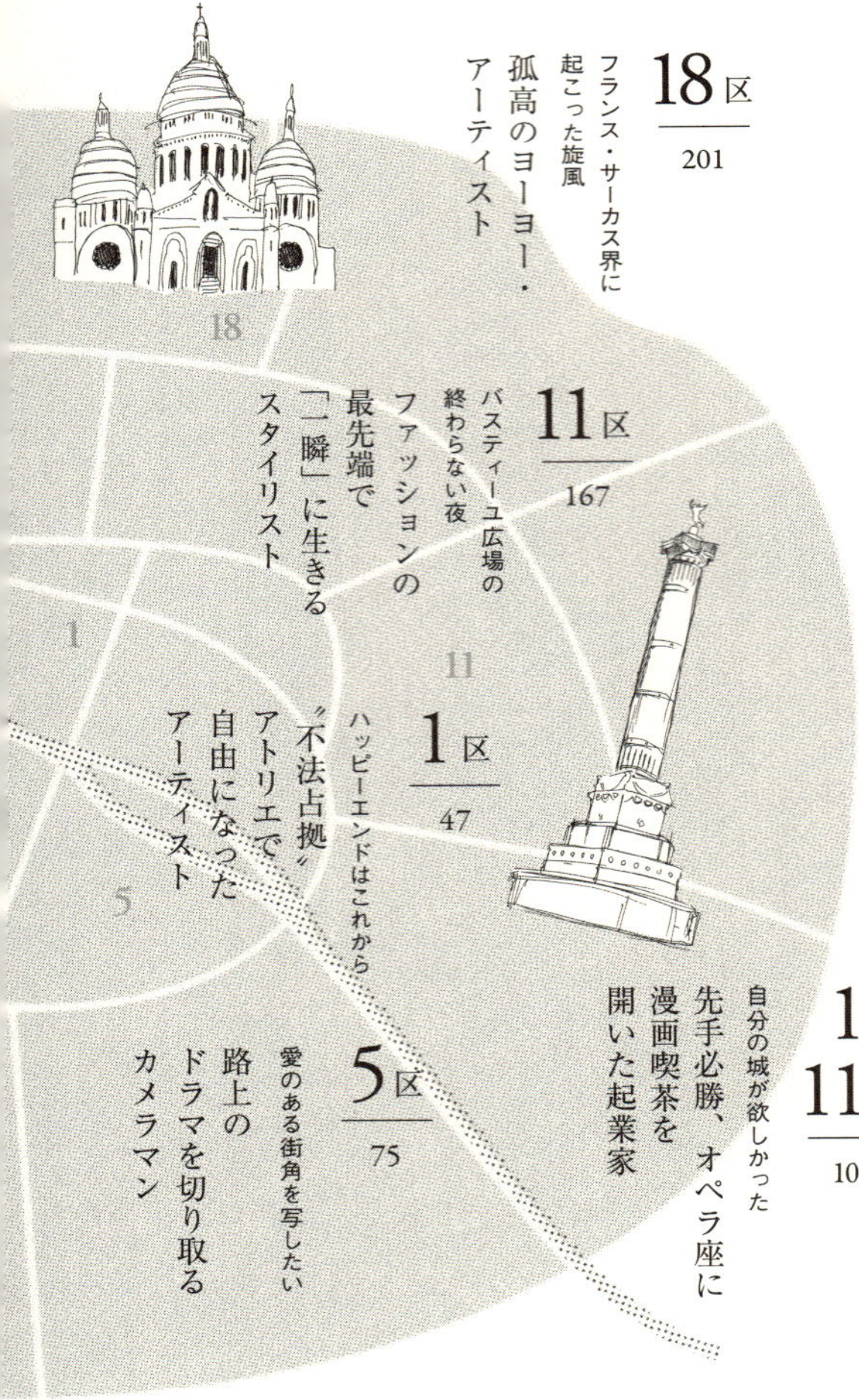
18
11
1
5

17
8
16
7

本文デザイン　アートディレクター　西ノ宮範昭［ON］
デザイン　山形まり［ON］
目次頁のイラスト　つちやようすけ
写真　神部シュン［p104のみ KIYOSHI TSUZUKI］

情報や名称はインタビュー当時のものです。

16区

厨房の熱気をもう一度

三つ星レストランを目指した料理人

パリで一番小さな三つ星レストラン

そのレストランでは、いったい何が食べられるのかわからない。シェフのサプライズコースしかないからだ。店はとても小さく、二十数人も入れば満杯。入り口はシンプルで、気をつけていないと通りすぎてしまいそう。ここは、パリで一番小さな三つ星レストランである。

純白のクロスの上で光るシルバーウェアと、磨かれたワイングラスを前に、しばらく待つ。すると一本のスプーンに盛られた一口サイズの前菜が出てくる。それが、十数皿も続くコースディナーの始まりだ。

ゆったりした時間が流れるダイニングルームとは正反対に、舞台裏の厨房では、六人の料理人がバスケットの試合でもしているかのような賑《にぎ》やかさで料理を作っている。肉が焼ける匂い、皿がぶつかり合う音、「五番テーブルにデザートを！」「付け合わせの準備！」と怒号が飛び交う。

テーブルに運ばれてくるのは、妖精のごとく小さな料理ばかりだ。フォアグラ、トリュフ、キノコ、仔牛といった伝統的なフランス食材に加えて、アボカド、タマリンド、アワビや大根といった異国の素材が、これまた世界のスパイスで味付けされている。サクリと一口嚙《か》めば味噌《みそ》やインドのスパイスの合間から、素材の味がじっくりと染み出してくる。それは、もはやフランス料理ではないような気さえしてくるが、ゲストはその玉手箱のようなサプライズを楽しみに、何ヶ月も前に予約を入れる。

その厨房に、必死の形相《ぎょうそう》をした日本人女性がいた。田伏英恵さんという、三十代の小柄な女性である。彼女は当時、ガルニチュール（野菜料理）を担当していた。

彼女は弾《はじ》けるような笑顔をしている。料理人とは思えないほどホッソリした体には、エネルギーが溢《あふ》れている。「子どもの頃からお菓子とかいろいろ作ってましたよ」彼女は、私が淹《い》れた紅茶を一口飲むと、「これマリアージュ・フレール（紅茶専門店）の〝マルコポーロ〟ですね、私も大好きです」と笑顔になった。

東京の深川生まれで、そのチャキチャキとした話し方は、いかにも由緒正しき江戸っ子らしい。いつもすぐそこに、縁日《えんにち》やお祭りがあるような少女時代だったという。家族全員、食べることが大好きで、よくみなで浅草に外食に行った。

「小学校の頃、好きだった男の子にクッキーを焼こうと思い付いたんだけど、その日はたまたま、おばあちゃんの家にいたので、材料がなくて。しょうがないから天ぷら粉とオーブントースターで作りました。たぶん、すごくまずかったと思うんですよ。でもちゃんとその子にあげました！」

そんな彼女が本格的に料理人を志したのは意外に遅く、三十歳を目前にした時だった。それまで六年近く雑誌「フィガロジャポン」編集部でグラフィック・デザイナーをしていた。いつも誌面には、海外旅行や料理、雑貨、パリのお店といった大好きな世界が広がっていた。デザインの仕事は、自分のペースで進められるので、自分に合っていると感じていた。

その傍《かたわ》ら休日ともなれば、暇をみつけては料理教室に通った。和食、お菓子、フレンチとジャンルは手当たりしだい。しかし、それはあくまで趣味の範囲内だった。

ところが、女の三十歳というのは、ミステリアスだ。ふと、「このまま、趣味でやっててよいのだろうか」と思ったらしい。

「実は、高校生の頃にも料理の道に行こうと考えたことがあったんです。でも、その時に見学に行った料理学校で、行けるなら大学に行ったほうがいいって言われたんです。それからでも専門学校には行けるからって。それで、大学に行ってデザイナーになって。でも、三十歳を目の前にした時に、急に中途半端が嫌になって。このまま趣味で料理をやっていくのか、それとも仕事としてやっていくのか……。

それまでの仕事には不満はないから、料理を本格的に志すことに対しては、すごい葛藤《かっとう》がありましたね。その時、三年後の自分を想像してみたんです。そしたら、きっと三年経《た》ってもこのまま、同じ場所で同じ仕事をしてるんだろうなあ。パリに行けば三年後はぜんぜん違うことをしてる。今行かなかったら、もうずっと行かないかなって思ったんです。過ぎちゃえば三十歳なんてたいしたことないのに、その時は今じゃないとだめだと思って」

こんな日のためにと学生時代から貯めていた貯金を、一気に使うことにした。ただし、星つきのレストランで働こうなどという野望はなかったという。とりあえず、二年間ほど料理の世界にどっぷり浸《ひた》ってみたいと、パリ行きの片道切符を買った。

赤いガイドブックの星々

長年パリに住んでいるが、私がミシュランの三つ星レストランに行ったのは、たった一度だけだ。数年前、アメリカに住む友人カップルが、記念日を祝うためにパリにやって来た。当日の夜、二人は「ルドワイヤン」という三つ星レストランに予約を入れていた。うちの居間を寝床にしていたお礼として、ご馳走するので一緒に行こうよと誘ってくれた。「行く行く！」と答え、いつも仕事に行く格好で出かけようとしたところ、友人が少し申し訳なさそうにしている。

「言いにくいけど、他の服はないの？」

「なんで?」

自分では、普通にキチンとした格好のつもりだったので、不思議だった。

「その格好じゃ、ちょっと浮いちゃうかも」

言われるままに、しぶしぶと季節外れのワンピースを取り出し、身につけた。店に到着してみると、なるほど、友人は正しかった。その時の私は、中に大統領がいると言われても信じただろう。

パリのど真ん中とは信じ難い静かな木立の中に、優雅な佇《たたず》まいの館があった。入り口の扉を開けると、正装姿の案内係がうやうやしく迎えてくれた。天井が高く美しいダイニングルームには、アンティークのテーブルと椅子がゆったりと配置されている。座ろうとすると、いつの間にか誰かがさっと椅子を押してくれた。

私は緊張をほぐすようにメニューを眺めた。

「えっと、メインは肉にしようかな」と言うと、友人は「せっかくだからデギュスタシオン(お薦めコース)にしようよ。肉も魚も入っているよ」と言う。

待っていると、前菜だけで何皿も運ばれてきて、その後予告どおり肉も魚も出てきた。どの料理も、ハッとするような濃厚な深みがあり、私は「おいしい……」をひたすら繰り返すばかり。たくさんのチーズとたくさんのデザートを食べ終わったのは深夜十二時過ぎで、もう胃が破裂しそうだった。赤いガイドブックに星が三つ光る、というのはこういうことなのかと、すっかり感心していた。

さて、私の宇宙旅行のような一夜の少し前、料理人を目指す英恵さんがパリに到着していた。

「さあ、人生の第二章が始まるんだ！」という喜びで胸が一杯だったという。

パリなんか大嫌い

英恵さんが料理人になるために、選んだ学校は「ル・コルドン・ブルー」。一八九五年に創立された由緒正しい学校で、料理や製菓だけではなく、パン、チーズ、ワインといったフランス料理全般をカバーし、その道のプロを育てることを標榜《ひょうぼう》する。世界中に分校を持っており、国際的に名の通った学校の一つである。

彼女はまず製菓コースを終え、その後に料理コースに進むという計画を立てていた。

「ところが、学校は……、なんか思っていたのと違ったんです。本当に料理を仕事にしたい人と、趣味で来ている人が半々くらい。中には遊びで習っている人もいたんです。生徒はほとんどが外国人で、日本人もいっぱい。先生たちも、あなたたちはどうせ趣味で来てるんでしょ、という目で見ている時もあって。今から思えば、コルドン・ブルーもいい学校だったんですけどね。ＭＯＦ（フランス最優秀職人賞）を取ったようなすごい先生もいて。それに、最初から最後まで一人でジックリと作らせてくれるので、自分自身の味が出せる学校でした。でも、問題は学校だけじゃなかった」

英恵さんは、昔から学生街として栄え、いまやパリ屈指の人気住宅街であるカルティエ・ラタンにワンルームを見つけたが、そこはどうも落ち着かない場所だった。テレビもなく殺風景で、暖房をつけても冷蔵庫のように冷えきっている。しかも、そこは正規の賃貸用アパートではなく、いわゆる闇貸しで、アロカシオン（政府の家賃補助）も申請できなかった。

学校は朝早くから始まるので、朝日も昇らぬうちに起きる。午後になっても冬の空はひたすら曇っていて、明るい気分になりようがなかった。

ある日のこと。道を歩いていると、突然耳元で「サロップ（バカ女）！」という叫び声が聞こえた。驚いて振り向くと高校生くらいの集団が、「ぎゃははは」と笑いながら去って行った。

なんでこんなところに来たんだろう……。

気づけば、崖を滑り落ちるような勢いでパリが嫌いになっていた。長年片思いをしていた人と結婚したら、すごく冷たい人だったとわかったようなショックだろうか。

不愉快なことはさらに続く。ある日、靴を買い家で開けてみたら、左右の色が違っている。

交換を頼みにいくと、店員は「交換はむり。だいたいよく見ないで買ったあなたが悪いんでしょ」と早口でまくしたてる。フランスでは横柄な店員が多いのだが、日本のサービスに慣れた者にはショックだ。

「ひどい、どうしてもダメなんですか」と抗議し続けると、「あんた何？　これ以上文句言うなら警察呼ぶから」と、本当に電話をかけ始めた。警察は、到着するなり英恵さんが持っていた紙袋の匂いをかぎ、「おまえ薬とかやってるんじゃないだろうな」と高飛車《たかびしゃ》な態度。

「もうショックで、パリが大嫌いになってしまいました。製菓の次は料理コースを取ると決めていたんですけど、もうパリは嫌だった。だから、とにかく早く今の学校を卒業して、どこか別のところに行こう、そうだ、ニューヨークに行こうって思ってました」

本当のフランス社会を知り

パリを出ようと決心したちょうどその頃、英恵さんは学校の世界以外の、「本当のフランス」を知る二つの体験をした。

ある日、知り合いに南仏のプロヴァンス地方に一緒に行かないかと誘われる。それまでは授業についていくことに必死で、旅行など考えたこともなかった。しかし、フランス生活の最後の思い出になればと、出かけることにした。

パリ・リヨン駅からTGVで三時間、プロヴァンスの玄関口のアビニヨンに着く。駅から一歩踏み出すと、風景は一変した。灰色の景色から、光り輝く彩色の世界へ。燦々《さんさん》と降り注ぐ太陽の下には、悠々とオリーブやブドウ畑が広がり、そこを優しい風が渡っている。ゆるやかに続く丘稜には、石造りの小さな家々がそっと寄り添う。カフェと食料品店が一つずつしかないような村には、花が咲き乱れ、おいしそうな料理の香りが石造りの家々から漂う。市場には泥のついた元気な野菜や、香り立つハーブが並んでいた。人々は軒先でくつろぎ、ワインを飲み、話しかければ笑顔で質問に答えてくれた。

それが、全てを変えてくれた。

「なんていうんだろう。これがフランスだよなあ！　って思って。これなんだ、私が求めていたフランスって。その食文化、風景！　フランスってこんなに良いところだったんだって。地元のごく普通のビストロでご飯を食べたんですけど、それが本当においしくて」

それは、冬の夜に差し出された、一杯のスープのような温かな体験だった。

時を同じくして、学校のカリキュラムの一環で、ホテル・ブリストルのブランジュリ（パン屋）で研修を始めた。それは、英恵さんが初めて体験した、むき出しのフランス社会だった。

「シェフはモーリシャス出身のとても親切な黒人の男の人でした。でもお店に一人だけ、すごく嫌なフランス人がいて、いつも日本のことを馬鹿にしていたんです。『日本人は長く働くけど、仕事遅くて効率悪いんだよなあ。フランス人は、決められた時間内で効率よく仕事してる』『日本人ってイルカ食べるんだってな。雑誌で見たから今度それ持ってきてやるよ』とか、いつも嫌なことばっかり言ってくるんです。彼は日本に行ったことがあるだけに、知ったかぶりして、それも腹立たしかったんです！」

毎日のように続く罵詈《ばり》雑言《ぞうごん》に、「私の悪口言ってもいいから、日本の悪口は言わないでよ！」と泣きながら言い返したこともあった。

それにも増して辛いのは、全くパンに触らせてもらえないこと。掃除や後片付けは新入りの担当で、ガス台、床やオーブン、機材など全てを一人だけでピカピカにする。途中でその同僚がやってきては「ええ、まだこれしかやってねえのかよ。のろいな」「おい、ここも掃除しておけよ」などとネチネチ嫌味を浴びせてくる。言われるままに掃除をしているだけで、日が暮れた。

「掃除するのは別にいいんです。でも、パンの作り方を知りたくて来ているのに、パンに触れないんです。学校の友達が、ピエール・エルメ（パリで最も人気のある高級パティスリーの一つ）で研修していて、『すごいいい人ばっかりだよ』とか言うのを聞くと、なんでこんなところに来ちゃったんだろうと思って、ガランとした部屋に帰ってから涙が出ました」

そういう時に慰めてくれたのが、優しい目をしたシェフだった。

「フランスは色んな人種がいる。僕も黒人だから、嫌な扱いを受けることもあった。でも、それはいじめてるわけじゃないんだよ。もし僕たちが日本人が本当に嫌いだったら、日本人をいれたりしないよ」

この研修を終えた頃、彼女はこう感じた。

「ここはフランスなんだって。それまで、学校では外国人ばかり。でも、ここで初めてフランス人に囲まれて、フランス社会に入った。嫌な人がいて、良い人もいる。なんというか、すごく人間味溢れる生活だったんです。そういう悲喜こもごもの体験をして、あ、フランスって面白いと思うようになったんです。いい意味でも、悪い意味でも、本当のフランス人に触れて、もう少しフランスでやってみようと思えるようになりました」

彼女は少し目を細めたあと、またあの弾けるような笑顔を浮かべたのだった。

国境なき料理人との出会い

そして彼女はパリに残り、料理学校「フェランディ」に入学。ここは商工会議所が運営する学校で、生徒はフランス人ばかり。実践を重んじるため、学校の調理室もまるでレストランの厨房そのものだった。さらに、本物のレストランも併設されていて、実習の日は、「ブフ・ブルギニヨン（牛肉の赤ワイン煮）とマグレ・ドゥ・カナル（マグレ鴨のロースト）を一つずつ！」などとオーダーが入ると、担当ごとにそれを作る。もちろんお客さんは普通にお金を払う。最初から最後まで全ての工程を丁寧に一人で作るル・コルドン・ブルーとは、対照的な学校だった。

ある日、シェフのパスカル・バルボが、料理のデモンストレーションに招かれた。パスカルは伝説の三つ星レストラン「アルページュ」で働いた後、若くして独立し、「アストランス」を開いた人である。学校では、こういったデモが数多く行われ、生徒たちはプロによる素材の扱い方、火入れのタイミング、味付けのポイント、盛り付けなどを観察する。

その日パスカルは、アストランスの看板料理であるフォアグラとマッシュルームのミルフィーユ仕立て、アボカドとカニのサラダ、そしてタラのソテーのキャビア添えを作った。

彼女は一瞬でパスカルの料理の世界に夢中になった。探していたものはこれだ、という電流が走ったような感覚。国境のない料理！

「シェフは、『世界には色々な食材があり、いつでも発見がある。組み合わせは自由自在で、味の創造は無限大』という考えを持っていました。色々な国の良いと思ったものを、何でも使う。私自身もフレンチだけではなくて、色々な国の食材を使いたいと思っていたので、すごい感銘を受けたんです。旅行して、面白い食材を発見するというのは自分の憧れだったのですが、実際にやっている人がいると思ったら、絶対に彼の元で働きたいと思った」

アストランスは、興味深いレストランである。場所は、エッフェル塔やブローニュの森に近い落ちついた高級住宅街。二〇〇〇年の開店後わずか半年で一つ星を獲得し、五年後には二つ星を取った。しかし巷《ちまた》では、いくらなんでも、三つ星は無理だろうと言われていた。

なぜか？　それまで、三つ星レストランといえば、一夜限りのスペクタクルを提供すべく、壮麗な空間であることが望まれた。ダイニングホールのサイズや雰囲気や食器の種類、スタッフの対応と全てにおいて。そういった店の一例が私が体験したルドワイヤンだろう。

多くのシェフたちは、料理以外でもパーフェクトなレストランを作るために、奮闘した。たとえば、往年の天才シェフ、「ラ・コート・ドール」のベルナール・ロワゾーは、美しい庭園が見渡せる広大なダイニングホールを作るために、三百万ドル（一ドル百円計算で三億円）という天文学的な借金をしたことはレストラン界の歴史に残っている。ちなみに彼は、ラ・コート・ドールが二つ星に降格しそうになると、自宅で頭を撃ち抜いて自殺した。それもまた別の意味で歴史に残っている。

一方のアストランスには、豪華なシャンデリアもアンティークの調度品もなく、むしろカジュアルでアットホームな雰囲気に溢れている。ほんの十組程度のお客さんで満員になってしまうので、予約が圧倒的にとれない。このような料理とは無関係の部分において、三つ星にふさわしくないと考えられていた。何しろ三つ星とは「そのために旅行する価値のある卓越した料理」と定義され、遠く日本やアメリカからでも訪れるべき場所なのだ。多くのシェフは、人はわざわざ、平凡な見た目のレストランのために、飛行機に乗ったりしないと思い込んでいた。

ちなみに現在のミシュランの説明によれば、「星」は、素材や味付け、料理の独創性などの「皿の上に盛られたもの」だけで評価していると強調する。

それでは、肝心のアストランスの料理とはどんなものなのか？

「アストランスが大切にすることは、旬の素材を、一番適した方法で調理すること。調理することで、その素材以上のおいしさを引き出すこと。ある意味で和食に近い料理ですね。ソースで味を出して、素材が隠れてしまうような調理法を嫌う。野菜の歯ごたえも大切にします」と英恵さんは言う。

それは、一皿に何人もが関わるオーケストラのような料理とは、異なるものだ。

アストランスがオープンした時、それは「フランス料理への挑戦」とか「革命」だとか言われた。大げさなクリームソースも大量のバターも使わないシンプルすぎるアストランスの料理では、三つ星は取れないだろうという批評家もいた。しかし、アストランスは二〇〇七年にはついに三つ星を獲得する。それが、パスカルが開いたレストランだった。

デモンストレーションの衝撃の後、英恵さんは改めてアストランスにディナーを食べに行き、その十数皿をゆっくりと味わった。デザートを食べ終わる頃には、ここで働きたいという想いをますます強くする。しかし、アストランスの厨房は小さく、その時は空きがないと言われた。仕方なく気持ちを切り替え、ホテル・ムーリスやアルページュといった他の星つきレストランで研修をした。

「アルページュでは、朝から晩まで他の料理人と同じように働かされ、ガンガンに怒鳴られました。初めの数日間は朝起きて店に行くのが重い足取りでした。しかし、それまでに行ったどの研修先よりも、学び得たことが多かったです。厨房の真剣勝負の緊迫感、そこからくる楽しさを覚え、厨房っていいなって思うようになりました」

予定通り二年間のフランス滞在を経て、日本に帰国した。

アストランスへ直撃

日本に帰ると、ワクワクした気持ちを抱きながら、職探しを始めた。

「前職のキャリアを生かして、食やレシピを扱う雑誌や書籍の編集に関わりたいと考えていました。今までも雑誌に関わってきたし、フランスで料理の勉強をしてきたんだから、自分ではけっこういけるだろうと思っていた。でも……」

海外から戻った三十路《みそじ》の女に、日本の社会はとことん冷たかった。

様々な編集者を訪ね歩いたが、料理と製菓の資格を取ったことも、フランス語能力も、出版社での経験もまるで評価されなかった。

追い討ちをかけるように、今度は体に異変を感じた。鎖骨のところに何かできているのを見つけ、病院で検査すると血管腫瘍《しゅよう》と診断された。悪性ではないもの、他にもいくつか腫瘍ができていることがわかった。

「私はそれまですごく健康だったんだけど、初めて入院して手術することになったんですよ。何だかすごくショックで。さらに悪いことは重なって、彼がいたんですけど、色々あって別れたんです。私が就職活動とか健康問題もあってイライラして、すごく邪険《じゃけん》に扱ってしまったんです」

三十代にして無職、病気がちで、彼氏なし。未来を約束してくれるものは一つもなかった。帰国した時のはちきれそうな希望の風船は、みるみるしぼんでいった。目の前にあるのは、広大な予定のない日々だけ。

「もう、なんていうのか、要するに人生最悪の時期でした。何もかもうまくいかなくて……」

その頃のことを思い出すと言葉がうまく出てこないらしく、彼女は私が手渡したコップの水をゴクリと飲み、しばらく考えこんでいた。

「でも、ある時、もういいや、ゼロに戻って始めよう。自分は捨てるものすらないし。落ちるところまで落ちてるんだから、後は這《は》い上がるだけだと思って、何でも挑戦しようって思うようになったんです」

そうやって開き直ったとたん、知り合いの紹介で少しずつフリーランスの仕事が舞い込み始めた。カフェのメニューの開発、料理番組の制作の手伝い、パーティへのケータリングなど。仕事は徐々に軌道に乗り、面白くなってきた。

しかし、二年も経つと、また一つの疑問がわいてきた。

「自分一人でできる仕事は自由で楽しいけれど、今自分の技術がどこら辺の位置にあるのかわからなくなってしまったんです。厳しく叱ってくれる人もいず、自分の定規でしか測れなくなって、本当に自分は向上してるのかなあって」

もっと向上したい、技術を上げたい。そのために、再び誰かの元で鍛えてもらいたいという思いが日に日に大きくなっていった。そして、何よりパリで体験したあの厨房の緊迫感と熱気が忘れられなかった。

もう一度、厨房で修業しようと決心した。

その時浮かんだのが、アストランス。彼女は今度こそ、絶対にあの小さなレストランの厨房に立つと決める。しかしどうやって？　三つ星レストランはスポーツ界でたとえるならオリンピック優勝チームなのだ。そこに身を置こうと世界中の料理人から履歴書が送られてくる。そして彼女がいるのはパリから一万キロ近くも離れた東京。でも、今回ばかりはどうしても、諦めたくなかった。

英恵さんは、いちかばちか、パリ行きの飛行機に乗った。手には、フランス語の履歴書を持っていた。もちろんアポなんか入れてない。パリに到着するなり、アストランスに向かった。

午後三時。ランチが終わる時間帯を狙い、アストランスの前に待機。中にはまだ何人かお客さんがいて、なかなかタイミングがつかめず、三十分以上もウロウロしていた。ついに最後のお客さんが帰った時、勇気を出してレストランに入っていった。スーツで身を固めたレセプション係が「何か御用ですか？」といぶかしがりながら、じっと彼女を見る。

「シェフに会いたいです」

レセプション係は無言で厨房へ通してくれたので、とりあえず最初の関門は突破。奥の厨房には、シェフのパスカルがいた。

「仕事の件で日本から来ました。ここで働かせてください」

緊張で顔がこわばっている彼女を、シェフがじっと見つめた。

「あれ、どこかで会ったことがあるかな？」

「はい！　フェランディのドゥマサー先生のデモでお会いしました。ご飯も食べに来たことがあります！」

覚えていてくれたというだけで、胸が締め付けられた。はたして次の門は開くのか？

「ああ、そうそう、デモの時の」シェフは少し考え込んだ。「今年はもう空きがないけど、来年だったらいいよ」

「え、本当に？　いいんですか」

「いいよ。来年おいで。どれくらいの間働きたいの？」

「半年……いや一年でお願いします！」

数分の短い会話だったが、その後の人生を変えてしまう瞬間だった。

半年後、英恵さんは約束通りパリに舞い戻り、アストランスの厨房の一員となった。

エッフェル塔のある帰り道

肌寒い冬の終わり、厨房での最初の日を迎えた。緊張しながらコックコートに着替える。

厨房は、今まで働いたどの厨房よりもずっと狭く、チーム全員が入ると少し窮屈に感じるほどだった。アストランスのチームは六人構成で、肉、魚、ガルニチュール（野菜料理）の担当がそれぞれ一人ずつ、そしてパティスリーとガルドモンジュ（前菜）の両方を担当する人が三人。英恵さんは、パティスリーと前菜のチームに入ることになった。

大きいレストランでは、新入りはまず下働きから始まるが、ここでは即戦力になることが求められた。アストランスのコースは全部で十数皿。小さな一口サイズの前菜を含め前菜だけで四皿、その後魚や肉のメインと続き、デザートが三皿で終わる。それぞれの分量が少ない分、細かく用意しなければいけないものが無数にある。

「昼も夜もサービスごとに、全てのものを直前に仕込む。作り置きは一切しない」と教えられた。下準備は時計とのレース。速く走りすぎても、遅すぎてもダメで、お客さんが入ってくる直前に、全てが整うのが望ましい。

「自分は厨房でやっていけるのか不安でした。能力だけじゃなくて、体力的にも心配で。他の人は自分より十歳近く若い人で、自分より年上なのはシェフだけだった。でも、私は料理人としてのスタートラインはみんなより十年遅いけど、人生十年長く生きれば同じなんだし、みたいな訳のわからない根拠で自分を励ましたりして」

サプライズコースは、その日に届いた旬の素材によって内容が変わる。なじみの八百屋さんが元気な野菜を持ち込めば、それを使う。ある時など、レストランの前に住むおばさんが自分の庭に咲いた花を摘んできて、「これおいしそうだから、使ってみて」と持ってきたこともある。

お客さんが到着すると、まずウエイターが好き嫌いやアレルギーがないかを尋ねる。そして、「一番テーブルはグルテンアレルギー。三番はフルーツが嫌い！」などと調理場に連絡が来る。その場で臨機応変に料理をアレンジしなければならない。そのため、いったんサービスが始まると戦場のような騒ぎになった。厨房に響き渡るシェフの怒鳴り声。時間と戦いながら、完璧な一品を出そうと必死になる料理人たち。英恵さんは圧倒されながらも、胸がときめいた。

そう、これなんだ！

そこには、彼女がずっと忘れられなかった調理場の緊迫感があった。

「レストランの面白さってそこなのかなって思います。その時、その時で緊張感がある。もしブティックでお菓子を作っていたら毎日が同じ。でもレストランでは、お客さんが来て、わーってなって、帰れば一息つける。その波が面白いんでしょうね」

しかし、朝から晩まで全速力で走り続けるのは大変だ。毎朝八時半には厨房に入り、朝の仕込みが終わった途端に、昼のサービスが始まる。午後は再びディナーのための仕込みに追われ、気づけばディナーのサービスが始まる。

アストランスのスタッフはみな料理が本当に好きで、モチベーションが高かったが、その分他人にも厳しかった。女性でも外国人でも関係ない。

「よくフランス人の男の子は優しいといいますが、とんでもない‼ 私は、みんなより早く出勤し、みんなが来る前にキッチンの用意をして、掃除をして。少しでも動くのが止まると、『何やってんだよ、仕事はたくさんあるんだからな！』って言われたり」

最後の客が帰ると、調理器具を掃除する。中庭でグリルをごしごしとこする頃には、クタクタに疲れきっていた。帰途につくのは十二時過ぎで、道を歩いている人もほとんどいない。一日中まるで太陽を浴びない生活は、自分で選んだ道だけど、辛くないといえば嘘だった。人気《ひとけ》のない夜道、毎晩エッフェル塔の光を眺めた。無数のスパンコールが瞬くようなイルミネーションは、いつ見てもハッとするほど綺麗だった。見るたびに、そうだ、自分はまたパリに来ているのだと思い出させてくれた。


野菜担当に任命！

半年が経ち仕事に慣れてきたある日、ガルニチュール（野菜料理）の担当者が辞めることになった。かねてからデザートより料理を希望していた英恵さんは、思い切ってシェフに頼んだ。

「ガルニチュールをやってみたいです」

それまでは、英恵さんはデザートや前菜を担当するチームの一人だったが、野菜担当は一人だけなので、これはかなり大胆な申し出だ。そして、このレストランは野菜の料理がウリなのだ。しかし、シェフは、大して躊躇《ちゅうちょ》もせず、「いいよ、やってみなよ」と言った。

やった！　と喜んだのは束の間で、すぐに崖から大海に突き落とされたような不安に襲われた。これからは、たった一人で、下準備、料理、そして材料のオーダーも行うことになる。考えてみれば、こんなに責任の重い仕事は、料理人を志してから初めてだ。しかし、自分から言い出し、シェフも任せてくれた以上、やるしかない。短い期間で前任者から仕事の手順を習い、引き継いだ。

野菜の担当になり、初めての日のサービスが始まった。

シェフがオーダーを読む。付け合わせは、肉や魚の担当者と息を合わせて作らなければならない。「あと一分！　ヴィット（早く）！」と怒鳴られ、焦って手を動かすうちに、順番や種類がこんがらがり、手が震えてきた。おかげで味付けもうまくいかない。味見すると、濃すぎたり、薄すぎたり。どんどん自信が消えていったが、必死でその日を乗り越えた。コックコートを脱いだ瞬間、「砂山がさ〜っと崩れてなくなるように、体から力が抜けていった」と彼女はその日を思い出す。

シェフは手取り足取り教えてくれることはなく、ある程度は任せてくれる。

「シェフ！　これとこれを混ぜてみてもいいですか？」

「自分が信じるとおりにやれ！」

しかし、うまくいかない時は、容赦のない怒鳴り声が飛んできた。

「火入れすぎじゃないか！　こんなのお客さんに出せない！」

「作り直します！」

毎朝、フランス中に散らばる契約農家から野菜や果物が届く。フランスは食料自給率百二十パーセントという農業大国で、広大な田園が大都会パリの胃袋を支えている。そのほか、パスカルが旅行中に見つけた、珍しくて貴重な素材が世界中から届く。例えば、〝マンダブッダ（仏陀の手）〟。黄色いタコのような珍妙な物体だが、実体は柑橘系の果物で、グレープフルーツかキンカンのような味がする。〝牡蠣《かき》ハーブ〟は、一見すると普通の草だが、目をつぶって食べると、牡蠣の味がした。〝シトロン・キャビア〟という珍しいフルーツもオーストラリアから届いた。ウズラ型の小さなレモンだが、中を割ると蛙の卵のような透明のグリーンの粒が詰まっていた。

　未知の素材を見るだけで、ワクワクした。今日は何が届くんだろう！

「シェフは本当に研究熱心なんです。本当にいいものだけを使う。素材を一番レスペクトしている。素材の味をどれだけおいしく出せるか。そこにルールはない。日本人だと、この調味料はこう使うという固定概念があるけど、シェフにはない。組み合わせておいしければそれでいい、とシェフは言うんです」

　野菜担当である英恵さんも、毎日のように野菜の残り具合をチェックし、必要なものを計算した上で各仕入れ先にオーダーする。材料は絶対に不足してはいけないが、かといって多めに頼むことも許されない。ロスを出さず、金曜日の夜には冷蔵庫を空っぽにしろと言われていた。野菜と一言でいっても、付け合わせやソースと様々な用途に使われる。細かい材料まで常に把握していなければならないので、いつも神経にヤスリを当てられているようだった。深夜ベッドに倒れ込んでから「あれ、タマリンドはまだ残ってたっけ？」「あのソースは足りるかな」と考え始めると、もう心配で眠れなくなった。

　やっと眠りに落ち、夜の揺りかごに抱かれながら、ベッドの中で目を覚ますことが時々あった。

「気がつくと、夢を見ているんです。日本にいる家族と普通に夕飯を食べている夢なんです。

目が覚めて、そうだ、私は今、たった一人なんだって気づくんです」

　深海のような闇に揺られながら、自然と涙がこぼれることもあった。

そして、季節は巡り

　秋には、また新たな食材が続々と現れた。まずは、ジビエ。ハンターたちがいとめた獲物を続々と送ってくる。頭がついたままの小さな豚がそのままドンと一頭送られてきた時は仰天した。彼女はフランスに来る前は、「動物」を解体するのは苦手だった。

「最初は鳥に首がついているだけでもう耐えられなかったんだけど、今はすっかり慣れて、包丁でがんと切り落とせます。ジビエは野生の臭みがあって嫌いな人もいるけど、すごくおいしいですよ。でも料理するのは大変。羽をむしって、解体して」

　すごいですねえ、と感心すると、彼女はパリでは有名なお肉屋さんで働いたことがあり、その時は自分の背丈ほどの牛を解体することもあったと教えてくれた。

　秋特有の素材である多種多様なキノコは、これまた厄介だった。水っぽかったりドライだったり、日によって状態がまるで違う。昨日こうしろとシェフに言われたことを、翌日にその通りにすると、シェフはとたんに怒り出した。

「そうじゃないんだ、ハナエ。料理はやり方を覚えるのではない、理解しなければいけないんだ」

シェフは何度も諭《さと》した。「素材の状態や質は毎日のように変わる。それによって、今日はどう調理すべきかを、見極めなければならない。料理とは、素材と会話すること。頭で考えることなんだ」

素材との会話。頭で考えること。彼女は頭に叩き込んだ。その教えは、何よりも大きな教訓となって、今でもしっかりと守られているという。

それにしても、シェフにはよく叱られていた。

「あの頃、自分は好きでこの世界に入ったけど、料理人としてだめなんじゃないか？　力がないんじゃないか、とかいつも考えてました。それか、シェフに嫌われているのかなって思っていたんです。叱られてばっかりで、よく落ち込んでいたんです」

自信をなくしていたある夜、サービスが終わって中庭に出ると、シェフが休憩していた。

「近づいて行った私の方を見て、『どうだ、ハナエ、簡単じゃないだろう』と言ったんですよ。その時、すごく温かみを感じました。シェフは私にわかってもらいたくて叱っているだけで、本当に私のことを考えてくれてるんだなあって」

うまくできた時は、パスカルは誰よりも喜んでくれた。ある時、お客さんが厨房に入ってきて「あの付け合わせがすごくおいしかった」と伝えてくれた。シェフは英恵さんをグイと前に押し出して、「ほら、ここにいるハナエが作ったんですよ！」と言ってくれた。

ただおいしいものを作りたい

日々は急流のように過ぎ、また冬がやってきた。約束の一年が近づいている。最後のサービスは、普通のレストラン営業ではなく、建築家の別荘での五十人分の年越しディナーだった。建築家はアストランスのチームをまるごと三日間借りきり、自宅で調理させるという贅沢なサービスを依頼。五十人といえば、普段のレストランのお客さんよりも多いので、応援部隊を頼み、総勢十五人ほどでガヤガヤとTGVに乗り込んだ。

家に入った一同は、その豪華さに度肝《どぎも》を抜かれたという。自家用ヘリのためのヘリポートがあり、プライベートビーチやプールもある。そして五十人がズラリと着席できる巨大で贅沢なダイニングルームがあった。

年越しディナーは、十三皿で構成されるコース。深夜十二時ちょうどにメインディッシュが出るように時間配分を行った。その後は、飲めや踊れやの大パーティ。

三つ星レストランならではの珍しい体験を最後に、パリに別れを告げ、日本に帰国した。

「アストランスの一年を振り返ると、最初はやっていけるのかと不安でいっぱい。辛かったことも多かったけど、乗り越えられたっていうのは自信になりましたね。でも、本当にこれで終わっちゃっていいのかなってまた思い始めました。あの時はもう日本に帰ろうと思ったけど、また今は厨房で働きたいと思うようになって」

英恵さんは今、また厨房で働くべく再びパリに戻り、履歴書片手にレストランを回っている。しばらくは、また戦場のような日々が続きそうだ。

「将来は、日本とフランスの食文化の架け橋になりたいです。フランスで学んだものを日本に伝えたいし、伝えることで恩返ししたい。料理を教えたりしたいとも思ってます」

私は彼女の言葉が、ちょっと意外だった。なんだかんだ言っても、厨房にいることが好きそうに見えるからだ。その心を読むように、彼女は言葉を続けた。

「うーん、でも究極的なところを言ったら……」

彼女はしばらく考えこみ、力強くこう言った。

「究極的なことを言えば、ただ単に作れればいい。それは、家の中で作るだけでもいい。作っていれば、幸せなのかも」

その言葉はさらに意外だった。せっかく料理人としてのキャリアを積んできたのに、プロとして働き続けたくないのだろうか。

「いつまでも厨房に立ち続けたいというのは、私のエゴなんです。考えてることは、もっとうまく作れるようになりたい、どうしたら魚も肉ももっとうまく焼けるのかって、それだけ。それが学べる場所が、レストランなんです。本当は、何もかも自分のことだけで、人のためにどう役に立てるかなんて考えていないのかも。たぶん自分は遅いんだと思います。普通は二十代でそういう時期が終わって、三十代はもっと人の役に立つようにって考えていると思うんです。でも、まだ私はもっと料理がうまくなりたい、ただそれだけで、まだまだ発展途上です」

有名店で働くことでもなく、自分のレストランを持つことでもない。ただおいしいものを作りたいというシンプルな答えに、私は「いいですね」と、心から答えた。

「結局は、家族や好きな人に食べてもらうだけでいいのかもしれません。私は、すごく幸せだと思います。自分が興味があることに出会えて。好きな仕事をして食べていけて。でも、十年後はぜんぜん違うことをしているかもしれませんよ。先のことは、わかりませんね」

彼女はまた紅茶を一口飲み、楽しそうに三年後のことを想像しているようだった。パリにいるのか、深川にいるのか、全く別の街にいるのか、三年後は見えない。

フランスを紹介する雑誌の誌面を組みながらパリに行くことを夢見た二十代。実際にパリに来てみたら、この街が大嫌いになった。たくさんの悔し涙を流し、立ち直って、ゆっくりとこの街を好きになっていった。いったん日本に戻っても、結局フランスの厨房が恋しくなって帰ってきてしまう。

今はパリについてどう思っているのだろう。

「朝、近所のパン屋で焼きたてのバゲットを買ってきて、バターをつけて食べると、ああ幸せ。朝から丸ごと一本食べますよ。私って安い人間です！　一ユーロで幸せなんだから。それだけで、今は、ああパリって最高って思います」

CHOUX FL
€
2,50

1区

ハッピーエンドはこれから

〝不法占拠〟アトリエで自由になったアーティスト

スクワットに日本人女性がいた

「あたしね、呼ばれるようにここに来たの」と悦子、こと〝エツツ〟は言った。

彼女が「ここ」といって指すのはパリであり、彼女が住むアーティスト・スクワットのことでもある。フランスで〝スクワット〟といえば、ホームレスなどに不法に占拠された空き家のことを指す。エツツが居を構えるのは、パリの中心地にある七階建ての古いビル。約三十人がアトリエとして勝手に利用し、そのうち十数人が寝起きもしている。エツツはここで寝起きするアーティストの一人。美術の勉強をしたこともなければ、二十代の終わりまで、本気で絵を描いたこともなかった。その彼女が、アーティストとしてパリで最も前衛的な集団の中で活動し、絵を描くことでご飯を食べている。

彼女は、一体どうやってこの数奇な場所に流れ着いたのか。

私が初めてエツツに会ったのは、二〇〇四年の秋のことで、私自身がパリに住み始めて一ヶ月も経っていない頃だった。その当時スクワット内部は一般公開されていて、誰でも無料で見学することができた。一日の来場人数は数百人で、そこら辺の美術館を凌《しの》ぐ人気。その日も風変わりな生活を送るアーティスト集団を一目見ようと、パリ中から見物客が集まっていた。私も〝不法占拠〟というロマンティックで暴力的な響きに惹《ひ》かれ、興味本位でやってきた一人だ。

ショッキング・ピンクに塗られた巨大な扉をくぐり、建物の中に入ろうとするとスキンヘッドの番人らしき男性に呼び止められ、一枚の紙にサインをするようにと指示される。その紙に書かれた文句が、さらなる興味をそそる。

――貴方は今、アーティスト集団により不法に占拠された建物に入ろうとしていることを認識していると宣言します。この中でどのような事件に巻き込まれても貴方の責任です――

中は絵の具と木が燃えたような匂いが溢れていた。建物の中心を木製の螺旋《らせん》階段がぐるりと貫く。典型的なパリの高級住宅のつくりだ。昔はブルジョワが優雅な生活を送っていただろう各フロアは、五、六の部屋にざっくりと区切られている。

クビのないマネキンや折れた道路標識などがゴチャゴチャに詰め込まれた部屋や、三メートルもある巨大な抽象画が飾られた部屋などが、次々と現れる。サイケ趣味の遊園地みたいな絵が廊下中に描かれていて、見学者は写真を撮るのに忙しい。そんな光景に慣れているらしく、アーティストたちは黙々と作品を作ったり、古いソファでくつろいだりしてそれぞれの時間を過ごしている。

　三階の奥に小さな部屋があり、日本人らしき若い女性がいた。

　隅には洗濯物がひっかけられ、ひしゃげた椅子が置かれた簡素な部屋だ。女性は油絵の具がこびりついた木の床に膝をつき、かがむような姿勢で、キャンバスに向かっていた。そんな窮屈《きゅうくつ》な姿勢をしているのはイーゼルがないからだと気づいたのは、ずっと後のことだ。

　綺麗な栗色に染めた髪を、女子高生のように長いお下げにしていた。キャンバスには、パリの街の風景や、飛行機、鳥といったものが多次元に重なりあうように、危ういバランスで描かれていた。小学生のいたずら書きのようにノビノビとしながらも、洗練された雰囲気を持つ不思議な絵だった。

　日本人同士という気安さで「こんにちは」と挨拶してみる。彼女は、「あー、どうも。こんにちは～」とリラックスした笑顔を見せ、またすぐに絵の世界に戻っていった。私は手持ち無沙汰になり、じゃあまた、と簡単に挨拶をして部屋を出た。拒絶はされなかったが、受け入れられてもいない距離感が残った。この後、何度か彼女を訪ねるうちに、自分の悩みを彼女に打ち明けるほど親しくなったのだが、始まりはこんな風にドライなものだった。

私が不自由で慣れないフランス生活を愚痴ると、彼女はいつだって輝くような瞳でこう言う。

「ねえ、心配しないで大丈夫だよ。全てはちゃんとやりたいようになるんだから。不安に思っているとそっちの方に行っちゃうよ。心配しちゃだめ、だめ。ほら、それよりさ、飲もうよ」

彼女はいつも先の心配をしないで生きる。願えば必ずいいほうに行くと言う。その考え方はシンプルで、時に能天気過ぎる気さえする。しかし、彼女の極端なほどポジティブな考えは、もう一つの人生を知っているからだ。

話は、子ども時代に遡《さかのぼ》る。

ちょっと変わった家庭と呼ばれて

「どうしてパリに来たかって聞かれれば、たまたま。とりあえず外国に住みたいっていうのが小さい頃からあったの。中学生くらいの頃すでに、日本が窮屈だったのね。日本では自由に好きなことができないなあって思ってた」

エツツは、長野県でクリーニング屋を営む夫婦の長女として生まれた。家の周りは田んぼに囲まれていて、彼女いわく「ど田舎」だが、自転車で十五分も走ればちょっとした繁華街まで出られた。

日本中どこにでもいる小学生と思っていたのに、担任の先生はしばしば、「あなたの家は変わっている」と言った。それはつまり、父と母のことを指していた。

エッツは父親のことを語る時、よく「あの人」と呼んだ。

「あたしが物心ついた頃には、すし屋になってたのね、あの人。最初は修業していて、その後一つのお店を任されたんだけど、経営とかあんまり向いてないんだよねえ。いつの間にかお店が潰れちゃって、すごい借金できちゃって。それなのに、ギャンブルも好きでさあ。麻雀とかパチンコでさらにすごい借金ができて。しょうがないからお母さんはホステスやりはじめたの。小学校一、二年の頃かな」

そう話すエッツの顔は、悲しそうではない。むしろ懐かしくて愛《いとお》しい思い出を語るように、にこにこと話す。想いを巡らせていると、次々に思い出が甦《よみがえ》ってくるらしく、どんどん饒舌《じょうぜつ》になっていった。

「父親はいつも遊んでばっかりで、突然フィリピンに行っちゃったりして。だから夫婦喧嘩も絶えないわけ。喧嘩になると、あの人は口より手が出ちゃうこともあって」

そんな風に過去をこともなげに話すエッツを見て、私はその強さにそっと喝采《かっさい》したくなる。

私自身は、家族の問題を友人に打ち明けることは、えいと決心しないとできない。

今でも小柄で痩《や》せているエッツの幼少時代は、さらに痩せていたのかなあと想像してみる。心配と隣り合わせの日々の中で、彼女は「ここじゃないどこかに行きたい」と考えるようになった。

息苦しい生活の中でエッツを支えたのは、おばあさんだったという。

「おばあちゃんは人生の中で大切な人。すごいミラクルパワーがあるの」

おばあさんは不思議なヒーリングパワーを持っていると評判の人で、日本全国から癒しを求めて人々が訪ねてくる。そのクリーニング屋は、どんな町にも一つはある普通の店である。おばあさんは洋服やお金の受け渡しをしながら、苦しむ人々の体をもんであげた。すると、不思議と苦しいことが消えていくのだそうだ。

しかし、その癒しの力も、エッツの母を救うことはできなかった。

「母親はきっと色んなストレスがあったんだと思う。だから、おばあちゃんともよくぶつかってた。でもね、おばあちゃんはいつも黙っていて何にも言わないの。どうして何にも言い返さないんだろうと思ってた。ずっと、おばあちゃんは可哀想って思ってた。あたしは逆で、何か言われたら、言い返さないと気がすまなかった。でもケンカした時ってエネルギー発散して、とりあえずすっきりするけど、後はすごく嫌な気分じゃない？　だから今になって、あの時のおばあちゃんは正しかったなあと思う。シンプルに生きるってこと。自分を信じることを教えてくれたの」

そう一気に話すと、彼女は細長いお下げの髪を揺らしながら、まじり気のないスッキリとした笑顔になった。そんな時の彼女は、私の心の雲も追い散らしてしまうのだった。

絵を描いて生きたい

学校もどこか窮屈な場所だった。小学生のある日、エッツは思い立ってパーマをかけてみた。映画「ハイティーン・ブギ」の中の武田久美子の髪型に憧れて、クリンとしたポニーテールにしたかったらしい。校則には、パーマ禁止とは明記されていなかったため、素直に近所のパーマ屋さんに向かった。大変だったのはそれからだ。翌日、クリンクリンになった彼女の頭を見ようと学校中の生徒が彼女の教室に集まり、「ねえ、あれ見て、ありえないよね」と騒ぎ出した。

「あたし自身がそういう反応も面白がれるくらい、おおらかだったら良かったんだけど、逆にナーバスになっちゃった。なんで？　何がいけないのって？　それ以来、もう日本なんか嫌だ、絶対に外国に行くんだって思って、両親に、外国の高校に行きたいって言ったんだ」

しかし、両親は「無理に決まってるだろう」とすげなく一蹴《いっしゅう》。

「へへ、うち、お金がなかったからね」

ちょっと、恥ずかしそうに笑う。その代わり高校さえ卒業すれば自分のお金で何してもいいと、両親は諭した。

「だから、とにかく卒業しなくちゃと思って。早く、早く卒業してお金貯めて、外国に行かなきゃって」

世の中にはおりしもフランス・ブームが到来していた。田舎町にもフレンチポップスが流れ、女の子たちはアニエスベーのスナップカーディガンを着ていた。高校を卒業した後、エツツは初めての海外旅行に出かけ、友人たちとパリでショッピングをした。

「それですっかり気に入っちゃった。あちこちで香水の匂いがする街だって思った。安っぽい香水の匂い。大人の匂い。何が気に入ったって言えないんだけど、外国ってものが生まれて初めてだったから。それだけかなあ。でも、絶対にまたここに来ようと思ったんだ」

卒業後エツツは、地元の皮膚科クリニックに就職したものの、二ヶ月で退職。

「やっていけなかった。出す薬とか間違っちゃってさあ。思わず笑っちゃって、笑ってごまかしてもだめよって先輩に怒られて」

そもそも、就《つ》きたい職業なんかなかった。外国に移住するために貯金することだけが唯一の「やりたいこと」だった。その後は本屋、レコード屋、雑貨屋のバイトを転々とする。それは、アートとも絵画とも全く関係のない生活。毎日、時給九百円で時間を切り売りし、実家に帰って寝る。たまに友人や彼氏とカラオケやクラブに遊びに行き、ちょっとしたお金が貯まればパリに遊びに行った。

高校を卒業して十年が経過した頃、ようやく貯金が目標額の二百万円に達した。フランスのワーキングホリデイ・ビザに申し込むと、しばらくして選考に通ったと連絡があった。

その時エッツは一つの決心を固める。それは、フランスでは「絵」を描いて生活していくことである。

それまで本格的な美術の勉強はしたことがなかったが、前から時々絵を描いていた。絵といっても、イラストではなく絵画のことだ。ハッキリいって無謀だ。私も芸術系の大学を出たからわかる。日本では絵画でメシを食っている人なんてほとんど会ったことがない。それは、初めての登山で、単独のエベレスト登頂を目指します、と宣言するくらい大胆だと思う。幸いなことに、エッツは美大も出ていないのでそんなこと知る由もなかった。

二十八歳にして〝芸術の都〟へ向かった。

乗っ取られた空きビル

「長年の夢がやっと叶うって感じで嬉しくて、嬉しくてしょうがなかった。あたしの場合、日本に残ってることのほうが不安で。日本を飛び出したらいいことが起こるって思ってたから」

そう聞いて私はちょっと驚いた。私自身が初めて海外生活を始めた時は、ハッピーな気分とは程遠かったのを覚えている。むしろ、日本に残してきた家族や恋人が永遠に取り戻せないものに変わってしまうように感じて寂しかった。エツツはその頃の気分をこう説明した。

「あたしね、行く前に軽いうつ状態になってたの。精神的、肉体的なストレスがすごくて。何もうまくいかなくて。今思えば、それがあたしにとってすごく大切な時期だったのかも。今のあたしがあるのは、あの時期があるから。あの頃は、ちょっとフワフワしてた。頭がぼんやりしてる感じ。だから、外国に行くって言っても、緊張感とかなかった」

家族についてあれだけ赤裸々《せきらら》に話した彼女でも、この時期については多くは語らない。長くて出口のない恋愛をしていたことを、囁《ささや》くように教えてくれた。

ここで、エツツが住んでいるスクワットについてもう少し触れておきたい。そこは、パリでは有名な建物で、「59リヴォリ」という愛称で知られる。一九九九年の冬、三人のフランス人アーティストがパリの繁華街、リヴォリ通り五十九番地にある空きビルを占拠することに決めた。三人は深夜に二階の裏窓をぶち破り侵入、勝手に鍵を換え、翌朝「占拠したぞ！」と宣言した。たぶん大人の秘密基地ごっこの延長だったのかもしれない。「どうせ誰も住んでないし、こんな広いスペースを自分たちだけで使えたらいいよなあ」という、単純な動機だったとアーティストたちは言う。

通常のスクワットというのは、すぐさま警察や大家に踏み込まれて、手錠をかけられて留置所に放り込まれるのが関の山である。しかしリヴォリのアーティストたちは「自分たちはただ理想のアトリエを作りたいんだ。アートを追求したいんだ。そのためにはこの建物が必要なんだ！」という自分勝手な理屈を展開して立てこもり、毎日のように警察を追い返し続けた。すると、その三人の考えに賛同するアーティストがどんどん仲間入りし、そこに一つのコミューンが出来上がった。

ビックリしたのはパリ市民である。渋谷のスクランブル交差点前のビルが、一夜にして乗っ取られたと想像してほしい。しかし、スクワッターたちもバカじゃない。彼らは、自分たちのアート活動の現場や作品を一般に公開することで市民やメディアを味方に付けていった。当時の新聞を見ると「ついにスクワットのドアは開かれた」という文字が躍る。それまでスクワットというのは、世間から隔絶されたアングラ集団だったわけだが、「59リヴォリ」は、警察と大家以外なら誰もが入れるリベラルな空間を創出することで、パリの街と溶け合っていった。最近のパリの街に退屈していた人々は、このでたらめで痛快な出来事を歓迎し、

「ピカソの洗濯船」の再来とさえ呼んだ。

さて、そんなことは知る由もないエッツは、ただ毎日パリの街をブラブラと歩いていた。渡仏九日目に、スクワットの前を偶然通った。おりしもスクワットのアーティストが、政治家や市民を巻き込んだ闘争の真っ只中にいる頃だ。

「呼ばれるように来たんだ。レ・アールのショッピングセンターに行ってみようかなって思って、シャトレに来て、リヴォリ通りに出たの。そこにヘンな建物があって、入り口にアトリエ・リーブル（見学自由）って書いてあって。ただで見学できるのかなって思って入ったんだ」

当時のスクワットの外観はかなり異様だ。薄汚れたビルの壁面は、数階分にも相当する巨大なオブジェに覆われている。その隙間に意味をなさない垂れ幕や落書きが躍る。正面の入り口には訳のわからない巨大オブジェやガラクタのようなものが置かれ、訪問者をたじろがせる。「とにかく学園祭をすごく汚くした感じだった」と彼女は思い出す。

「入ってみたら、何だかすごくわくわくしてきて、ステキなところだなあ、と思った。ここが一体どういう建物で、何なのかもわからなかったけど」

スクワット集団に仲間入り

その日、彼女は運命的な出会いを遂げる。スクワットのリーダーのブルーノ。その後、日々を一緒に過ごすことになるフランス人男性である。

ブルーノは、この建物に最初に侵入した三人のうちの一人だ。見た目も絵に描いたようなアーティストで、絵の具がこびりついたオーバーオールに、冬でもサンダルをつっかけ、ボサボサの頭でも気にしない。何メートルもある巨大な抽象画を、大量のペンキを使って描く。

彼は典型的なフランス人らしく、女性と見るとかまい始め、「ビズビズ〜」と言って何回もビズ（フランス式の挨拶、頬にするキスのこと）をせがむ。エッツに会った時もそんな感じで彼女にまとわりついた。

「だから勘違いしちゃったの。この人、あたしのこと好きなんじゃないかなって。それに、この人って好きなタイプだって思った」

それからエッツは、毎日のようにスクワットに通った。ブルーノが気になってしょうがなかったが、当の相手はいつも冗談を飛ばしてばかりで、何を考えているのかわからない。それに、フランス語が不自由なエッツには、気の利いた会話なんかできっこなかった。

ある夜、スクワットで大きなパーティが開かれた。しこたまワインを飲み、そろそろ帰ろうかなと思った時に、ブルーノが話しかけてきた。

「おお、エツコ。帰るの？　それじゃあ、スペシャル・ビズビズする？」

「スペシャル？　何それ？」

「それはね～、ここで横になるんだよ～。わかる～？」

それはブルーノ流に女の子をからかう冗談だったのだが、エツツは、誘われていると感じた。うまく言葉が出てこずモジモジしていると、彼はそれ以上何も言わず、どこかに去っていった。今度はエツツが慌てて辺りを探し回ると、彼は箒《ほうき》を手に宴の残骸をかたづけている。エツツは、つかつかと彼に近づき、思い切って「今日、あなたのところに泊まりたい」とはっきりとフランス語で言った。直球勝負。

彼は一瞬きょとんと動きをとめると、慌てて箒を放り出し、「えっと。えっと。それじゃあ、待ってて。今部屋を暖めてくるから。絶対に待っててよ」と自分の部屋にアタフタと降りていった。

翌日、二人は絵の具の香りが立ち込める部屋で朝を迎えた。

どこにでも転がっているような出会いだったが、それは彼女の画家としての運命を決定的にした。ブルーノは、生粋《きっすい》のアーティストだ。子どもの頃から絵を描くことだけを人生の軸として生きてきて、定職に就くことなど想像したこともない。パリ中の空きビルを順々にスクワットしたり、追い出されたりを繰り返しながらも、日々の多くの時間を絵画の制作に充《あ》てる。スクワットのリーダーといっても、怖いイメージからは程遠く、真昼の猫のようにノンビリとした人だ。日本語で「ゆっくり、ゆっくりねー」というのが口癖である。

こうして彼女はブルーノと一緒に過ごすようになり、自然に彼のアトリエの隅で絵を描き始めた。彼はしばらくすると、彼女に〝エツツ〟というあだ名をつけた。たいした意味はないが、彼女は音の響きがとても気に入った。周りのスクワッターも、いつしか彼女をエツツと呼ぶようになった。

「あたしは言葉もできないし。みんなが何言っているかもわからないし。だから、ずっと絵を描いてたの」

長い間水を飲んでいない人のように、彼女は、スクワットに溢れるスピリッツをどんどん吸収していった。

数ヶ月後、それまで住んでいたアパートを引き払い、スクワット内のブルーノの部屋に引っ越した。本能の赴くままに行動しているように見える彼女だが、スクワットに越してくるのは、少し不安だったらしい。

「最初はまだわからないでしょ、ブルちゃんがどんな人か。やっぱり不安に思ったの。フランス語がわからなかったから、彼が何を言ってるかわからないし。でも周りの人がね、彼はいつも女の子と距離を置いてるって言うの。だから、ああ、あたしだけなんだ、大丈夫なんだって。だからその言葉を支えに、自分に言い聞かせて、やっと引っ越してきたんだ。今思うと心配いらなかったけどね。ほんとにシンプルな人だから」

ブルーノとエッツに流れる時間は、実に平和なものだ。二人ともマイペースで、行動を縛りあうことはないのに、見えない糸でしっかりと結ばれているように見える。ペラペラと二人でしゃべる姿はあまり見かけないが、同じ空間でくつろぐ姿はよく見る。

昼も夜も大勢のアーティストに囲まれるという特異な環境は、彼女の中で眠っていた何かを揺り起こした。描きたいと思うイメージが現れては消えていく。忘れないうちに絵の具を搾り出し、白い布に描き付けていく。みるみる絵のストックがたまった。

ある日、彼女の絵を買いたいという人が現れた。薄い紙に水彩絵の具でサッと描いたシンプルな絵で、売る価値があるなんて想像もつかなかった。

「最初に買ってくれた人は、画家の人だった。すごい、嬉しかったな。やっぱり。写真撮ったよ、その人と自分の絵と一緒に」

初めはブルーノのアトリエの隅で絵を描く女の子でしかなかった彼女を、周りの人々もいつしか一人のアーティストとして認めるようになってきた。ある日、スクワットメンバーの間で話し合いが持たれ、彼女にもアトリエとして一部屋が与えられた。その瞬間にエッツは、アーティスト志望者から本当のアーティストになったのだと思う。

そんな頃、パリの中心地にある有名なギャラリーのオーナーがやって来て、彼女の絵を扱ってみたいと申し入れてきた。絵画売買のシステムも、つけるべき値段もわからないまま、多くの絵を引き渡した。

合法化されたスクワット

あっという間にワーホリ期限の一年が終わりかけていたが、日本に帰るなど考えられなかった。ビザをどうしようかと思案し、パリ日本人会に相談する。

「状況を説明したら、これとこれを用意して、アーティスト用のビザを申請してくださいって」

ギャラリーのオーナーが推薦状を書いてくれ、とんとん拍子にビザは取れた。そんな自分を彼女は、屈託《くったく》のない笑顔で「すごいラッキーだなあって思う！」と言う。

「パリに来て出会ったもののうち、一つでも足りなかったら、今もっているものを手にしてなかっただろうね。スクワットも、ブルちゃんも、ビザも、あたし自身も」

いつの頃からか「59リヴォリ」にとっても、彼女はなくてはならない存在になっていた。スクワットは多国籍で無秩序なコミュニティで、十八歳の少年から六十代のロマンスグレーのおじいさんまで、約三十人の男女が寝食を共にする。トイレやシャワー、キッチンは共同だ。たいていの時はペンギンの兄弟のごとく仲良く暮らしているが、時として野生動物が入り乱れるサバンナのような状態になることもある。みな貧乏なので街角から画材用として角材や看板などを拾ってくる。そのため内部はガラクタや廃材で溢れている。腹を立てた他のメンバーが、いい加減に片付けろと怒鳴る隣の部屋では、暖房がないからと手製の暖炉で火をおこしたり、近くのブランドショップから盗電を試みる輩《やから》もいて、ちょっとした無法状態。

メンバー自体も実にユニークで、子どもを連れた中年女性、マリファナを栽培するドレッドヘアの男、アル中で酔うと暴れるロシア人、ノンビリしたアフリカ人、逃亡者や不法滞在者、夜になるとシクシク泣く謎の中国人もいる。「普段から体を鍛えないと」と言いながら、誰かれ構わずプロレスのワザをかけようとする男もいた。

そういう野生動物のような人々が平和に暮らすには必ず潤滑油が必要なのだが、エッツとブルーノはそんな存在だった。二人の周りには、いつも穏やかな空気が流れる。彼女が「まあ、いいじゃん。飲もうよ」とワインを差し出せば、みんな「そうだね」と言ってまた幸福な顔になる。

その後、スクワットは信じられないような幸運に見舞われ、合法化された。最大の勝因は百三十年ぶりにパリ市長の座を奪取した左派勢力が、アーティストの保護を公約に掲げていたこと。それを材料に、スクワットの住民たちはビルの使用権を主張。新市長は、公約通りに税金でオーナーから建物を購入し、ここを恒久的なアトリエにすることを認めた。そのために使われた税金は四百六十万ユーロ（当時レートで約六億二千万円）。そこに至るまでに、ものすごいドラマがあったのだが、またそれは別の話。とにかく、彼女もスクワッターの一員として、パリのど真ん中に半永久的に居続ける権利を獲得したのである。

この絵の前で眠りにつきたい

エッツの絵は、多彩で重層的なのに羽のようにフワリと柔らかい。その実、色の合間に、奇妙な見た目の人々やエロチックな場面が描かれている。何か意味を探すために、いつまでも眺めていたくなる絵だ。誰もが子どもの頃どこかで見たような風景で、どこか切ない。ある日本人アーティストが「彼女は美大とかで基礎的な勉強をしてないからこそ、ああいうヘンテコな絵が描けるんだろうな。俺なら学校で習ったことが気になってしまって、あんな風に自由に描けないよ」と評していた。

パリの建物や風景をモチーフにしたものも多い。どうしてパリを描くの、と尋ねた。

「どうしてこれについて描くのかなとか、考えたりしない。奥まで入り込んだり、理由を探すのはやめたの。昔は、物事には何か理由がなきゃいけないんだって思いこんでた。だから、いつも探して、探して。でも見つからないんだよね。それが二十代だったかな。で、わかったの。理由なんか探す必要ないんだって。それで、ただ好きなものを絵に描くようになったの。自分は描くだけで、分析は見る人に任せてるんだ」

彼女が初めて参加したグループ展では、出品した作品は全て完売。初めての個展では、二十枚のうち半分以上が売れた。その後に参加したロンドン・アートフェアでも作品はほぼ完売した。私が知り合った頃も、大小のさまざまな企画展に招待されていた。マレ地区の立派な会場で開かれたオークションもあれば、五つ星ホテルが建ち並ぶヴァンドーム広場に面したフリー・スペースで催された展覧会もあった。気づけば、拍子抜けするほどすんなりと、絵だけで生活することを達成していた。

しかし、いつも順調というわけではない。パリに来て五年目、彼女はちょっとしたスランプに陥っていった。

「最近、絵のスタイルを変えたの。そしたら売れなくなったんだ」

ジャムの空き瓶に赤ワインを注ぎながら、珍しくジッと考え込んでいた。

「まだ何か探してるんだねってギャラリーの人に言われたの。もし描けって言われたらまた前のスタイルでも描けるけど。でも、それって自分の作品のコピーみたいだからやりたくない。だから、売れなくてもいいからスタイルを変えたいの。今自分はアーティストとして、すごく面白い段階に来ている気がするんだ」

冷静に自分の立ち位置を確かめる姿は、決して焦っていなかった。スランプを楽しんでいるような様子を見て、きっと彼女は再び何かを見つけるだろうなと思った。


その一年後、パリ郊外で行われたエッツの個展のオープニング・パーティに、足を運んだ。会場ではシャンパンが気前よく開けられ、高級スーツに身を包むビジネスマンや、シャネルのバッグを持った女性たち数十人が穏やかに談笑している。その中でエッツは、木綿の白いワンピースを着て、レース素材のカバンを斜めがけにし、赤毛のアンのようなお下げでニコニコと笑っていた。ゲストが次から次へとエッツに話しかけ、彼女は屈託なくコロコロと笑いながら質問に答える。

この時に出品された絵は十五枚で、値段は一枚当たり千五百ユーロ（当時レートで約二十四万円）前後。ほとんどがスランプ後に描いた新しいスタイルの絵だ。パーティが始まって一時間後、ブロンドヘアの中年女性が一度に四枚の小作品を予約した。それを合図に、誰もがお気に入りの一枚を予約するために小切手を切り始めた。思わず拍手したいほどの勢いだ。

その展覧会には、私が以前から気に入っていた作品が出品されていた。一台のバスが闇夜の山に向かって飛んでいく幻想的な絵で、値段は千五百ユーロ。いつか私が買いたいと思っていたのだが、この勢いではこの絵もついに売れてしまうかもとヤキモキした。やがてその絵の前で一組の夫婦がなにやら真剣に話し合う声が聞こえてきた。ある瞬間、二人は決めたとばかりに、エッツに近づいていった。三分後、主催者が売約済みの赤いシールを〝千五百ユーロ〟の文字の上に貼り付けた。売れたのだ。

夫らしき人が絵の前に立ち、しみじみと眺めているので、思わず話しかけた。

「良かったですね、いい絵が買えて。私もこの絵が大好きですよ」

彼は、子どものように両手を胸の前で固く握りしめ、

「ええ、ほんとに嬉しいです。この絵を見ると、なぜか子どもの頃や自分が昔に描いていた絵を思い出すのです。この絵を寝室にかけて眠りにつくのが、とっても楽しみです」

と、顔を皺《しわ》くちゃにして笑った。

結局この日、ほとんどの作品に赤いシールが貼られることになった。

自然に生きられるようになった

小さな成功を積み重ねるたびに、彼女はますます自由になっていくように見える。ブルーノやスクワットの友人たちと過ごす、ゆったりとした時間のせいかもしれない。ブルーノは今日も太陽光だけでローストチキンを作ったり、ベランダで野菜を育てたり、自転車でフラ

ンス中を旅したりといったお金のかからないエコライフを実践している。そんな彼やスクワットの仲間がエッツに与えている影響は、計りしれない。

「パリに来て、自然になったよ。周りからどう思われているかとか気にしなくなって。日本にいる時は、人に悪い印象を与えるからこれは止《や》めようとか思う時もあったけど、そういうことがなくなった。たまに日本に帰った時に家族が言うには、あたしは本当に良くなったって。穏やかになって、幸せそうだって」

そうして、パリに来てしばらくすると、家族への思いも変わってきたという。

「今は家族を一人の人間として理解できるようになったんだ。お母さんもお父さんも、ああいう生き方しかできなかったんだって。パリに来て離れてみて、家族の大切さがわかるようになったのかな。今は本当に、本当に、家族に感謝してるよ。今の自分があるのは家族のおかげなんだよね。お母さんには、今は色んなことを相談するし、お父さんとも、この間初めて二人っきりで出かけたんだ。それで、今まで恥ずかしくて言えなかったようなことも言えたの。今は、お父さんもお母さんも、おばあちゃんも妹も、みんな大好き。そういう風になったんだ」

彼女はどこか泣きそうな声で、でも、とても幸福そうな笑顔でそう話した。

「エッツもいつかブルーノと結婚して家庭を持つの？」

と尋ねると彼女は首を横に振った。

「あたしもブルちゃんも結婚は信じてないし、必要ないと思ってる。結婚なんて紙だけの問題でしょ。あたしたちはこのまま一緒にいたければ、ずっと一緒にいる。それだけ」

将来の保証どころか、明日をもわからない場所で、好きな人と生きる。

考えるよりずっと難しいことのような気がするが、彼女にとっては当たり前のことだ。心配すればそっちの方に行っちゃうから、という彼女の口癖が改めてよみがえった。

スクワットのバルコニーに立てば、気持ちよく吹き抜ける風の中でルーブル美術館やバスティーユ広場を望むことができる。天井や壁には、歴代のアーティストたちが残してきた多くの絵や詩が残されている。この空間自体が巨大なアート作品なのだ。二十世紀の芸術史の最後を飾るアナーキーな空間に溶け込んだ日本人。その奇縁に不思議を感じるのは私だけで、本人はいたって無頓着《むとんちゃく》。あれ、ロゼ・ワインは冷蔵庫に冷えてるかな、程度のことしか考えてない。

絵だけで食べていくという当初の目標にたどり着いた彼女は、次に何を目指すのか。

「まだまだハッピーエンドじゃないよ！　まだ、これから。もっと絵を描いていきたい。いつも、これはすごくいいなあと思うものはできないから、自分の中にもっと可能性があるって思う。いつかやりたい、大きなミュゼ（美術館）で、あたしの展覧会」

彼女は少し考え込んで、一息にこう続けた。

「だって、上昇するために生きていくんでしょう、人って。上昇することをやめたら切ないよねえ。夢は夢だから叶わないって決めちゃう人っているでしょう。自分で見切りをつけてる。でもつけなければ、絶対叶うのにねえ」

パリの空を羽ばたく鳥たちが描かれた絵が、ポンピドゥー・センターに飾られているところを思い浮かべてみる。それは、思ったよりもすんなりと想像できる風景だった。

5区

愛のある街角を写したい

路上の
ドラマを切り取る
カメラマン

橋の上でピクニックをしよう

彼は、大きなカメラを首から提げ、釣竿《つりざお》を手にして、嬉しそうに現れた。身長百八十五センチに広い肩幅、そして髪を背中まで伸ばした神部シュンさんを見つけるのは、簡単だ。

「いや〜、ちょっと時間があったので釣りしてました。知ってます？　今年は、百年ぶりにセーヌ川に鮭が戻ってきたんですよ。セーヌ川もどんどん綺麗になってるんです」

待ち合わせ場所は、セーヌ川に架かるポン・デ・ザール（芸術橋）の上。右岸のルーブル美術館と左岸のサンジェルマン・デ・プレを結ぶ歩行者専用の橋だ。

橋の上で待ち合わせなんて、日本ではテレビドラマくらいでしか見ないが、パリではけっこう普通のこと。特にここは大人のピクニック場所として大人気で、仕事帰りの人々がワインとフランスパンを片手に集まり、夜遅くまで賑わう。その例にもれず、私たちもここで近況でも話そうというわけだった。

「一体どんな魚が釣れるんですか、こんな川で」

私は持参した安ワインと生ハムを橋の上に並べた。シュンさんもビール瓶と中華街で買ったロースト ポークを取り出す。橋げたの隙間からは、真下に行き交う観光フェリーが見える。初夏のパリは八時でも昼間のように明るく、夕暮れの風が気持ちよかった。

「それが、けっこう馬鹿にできないんですよ。この間はでかいナマズ釣って、新聞にも出たんです。一メートル以上の大物! ほら見てくださいよ〜」

彼は携帯電話を取り出し、写真を見せてくれた。確かに、ギターほどの大魚を抱えたシュンさんが子どもみたいに笑っていて、背景にはパリの街並みが写っていた。

彼は写真でメシを食っているプロのカメラマンである。パリに住んで、もう十数年。クライアントは日本の雑誌社が多く、ヨーロッパのあちこち、時には南米やアフリカにも写真を撮りに行く。ヨーロッパで行っていない国はアルバニアだけ。東欧なんかスーパーにでも行くような気軽さで出かける。クライアントである雑誌編集部の数は五十以上。航空会社の機内誌からギャル雑誌、写真専門誌など守備範囲も広い。旅先から旅先に行くこともあり、まさに飛び回る生活だ。

私にとってのシュンさんは、気の合う友人であり、仕事仲間でもある。

いや、たぶんそれ以上の存在なのだが、何と言い表したらいいのか、わからない。

あえて言えば、私にパリの街を教えてくれた人。どう楽しんだらいいのか。どうやって人と知り合うのか。どんな場所に何があるのか。手取り足取りじゃなく、ごく自然体で。彼ほどパリを謳歌《おうか》している日本人は、他にいないと思う。

"時空の歪み"を見つけた

彼と私を最初に結び付けてくれた場所は、リヴォリ通りのスクワットだった。

私はあの奇妙なアーティスト・コミュニティを発見して以来、ちょくちょく顔を出していた。あそこに行くと何かほっとする気分になった。自分の作品を売り、生活の糧《かて》を得るというアーティストの原点ともいえる暮らしを、いつか一つの文章にして残せたらいいなと考え始めた頃、一人のアーティストが言った。

「そういえば、ここの写真を撮っている日本人カメラマンがいるよ。ずいぶん初期の頃から来てたな」

自分と同じ興味を持っている日本人がいる。こんな妙なところに出入りしているくらいだから、ちょっと変わった人だろうなあと思いながら、渡された番号に電話をしてみた。

「昔のスクワットの写真を見せて欲しい」と頼むと彼は、潑剌《はつらつ》とした声で「もちろん、喜んで」と答えた。

現れたのは、礼儀正しく、快活で、話題が豊富な三十代半ばの人だった。私たちは一瞬で打ち解けた。

彼が撮り溜《た》めた写真は相当な数に上った。全てフィルムで撮り、自分で現像したモノクロ写真だ。そこに写っていたのは、私が知るよりも、ずっと汚らしく無秩序で、文字通りの「不法占拠地」。

私は時間をかけて、ゆっくりと見ていった。ある一枚には、全裸で瓦礫《がれき》の上にしゃがみ込み、こちらをジッと見つめる若い女性の姿。別の一枚には、描きかけの絵の前で、アコーディオンを弾くジプシーの親子。とてもリアルで、被写体との信頼がなければ撮れないタイプの写真だった。そして、どの写真も、古いモノクロ映画の一幕のように美しかった。

私は、とっさにはその迫力を表現する言葉が浮かばなかった。ただ圧倒されながら、出てきたのは「すごくいい写真ですね」という凡庸《ぼんよう》な言葉だった。

「ありがとうございます。気に入りました？」

「はい」

「じゃあ、しばらく持っていてくれてもいいですよ」

「え？　いやいや、そんな訳にいかないです」

貴重な作品のオリジナルを、理由もなく借りることはできないと思った。

「信用してます」

彼は、ニッコリと優しい目で微笑《ほほえ》んだ。その時、目尻にたくさんの皺《しわ》ができたのを見て私は、彼はいつも微笑んでいる人なのだと思った。

あれから五年以上経った今も、私はその写真を預かったままだ。特に利用する機会はないが、たまに取り出して眺めたり、家の暖炉の上に飾ったりしている。私が「そろそろ返します」と言うたびに、「持っていてもらったほうが安全だから」と言う。損得の計算なしに、自分が持つものを相手に思い切り与える。それが、シュンさん流の人との付き合い方だった。


その日から、私たちは時々電話しあうようになった。お互いに仕事で海外に行くことも多いから、たまに顔を合わせれば「おかえりなさい」と言いあう。そして、思いつくままにパリの街を歩いた。

彼はパリを、とてもよく知っていて、色々な場所に案内してくれた。それも、ガイドブックには絶対に出てこないような場所ばかりだ。

「見てください、ここから中に入れるんですよ、行ってみましょう」と、彼がフェンスの穴をくぐれば、そこには昔の廃線跡が雑草の中にひっそりと埋もれ、薄暗いトンネルに続いていた。「あの中に、まるで地下都市みたいなホームレスの大きなコミュニティがあるんですよ」と彼はそっと教えてくれた。

　中華街を歩いている時には、「ちょっと面白いものがあるんです」と古びた建物の地下駐車場に入って行った。ゴミ捨て場の横を通り、奥に入ると、「菩薩」という看板がかかる怪しげな部屋が現れた。中には黄金色に光る大きな仏像が置かれ、無数のお札が下がり、線香がもうもうと焚《た》かれていた。そこは中国移民のための隠された寺だった。

　私はいつも子どもの頃に戻ったように「この先に何があるんだろう」とワクワクしながら、彼に付いて行ったものだ。

　こうして、彼は都市の奥へ奥へともぐりこみ、最後には都会の辺境に住む人々を探しあてる。貧しいジプシー、古いサーカスキャラバン、移民街にスクワット。

「それは、いわゆる〝時空の歪み〟みたいなものなんですよ。世界の都合でできあがって、忘れられちゃった場所なんです。そう思いませんか？」と彼は言った。

　通常、それらの場所は、カメラを持った外国人が簡単に入り込めるようなところではない。しかし、スクワットの写真から推測した通り、彼は人の輪の中に入っていくのが、天才的にうまかった。誰にでも「こんにちは～！」と気軽に話しかけて、気づくとみんな彼のペースに巻き込まれてしまう。

　ある時は、ルーマニアのジプシーの子どもたちの溜まり場に近づいていき、いきなり流《りゅう》暢《ちょう》なルーマニア語で話し始めた。子どもたちは一瞬エイリアンでも見るような表情を浮かべたあと、ルーマニア語が通じる喜びをわっと爆発させた。もちろん子どもたちは写真を撮らせてくれた。

「ルーマニア語なんて話せるんですね」

「あれ、知りませんでした？　もうペラペラですよ！　基本的にフランス語とおんなじです」

戦争の現場へ

彼は横浜で生まれた。父は建築家で、母は教員という一見は普通の家庭だったが、「家にはヒッピーのリズムが流れていた」と振り返る。現在、父親はすでに還暦を過ぎたが、今でも「ボブ・ディランみたい」なアフロヘアをしているという。鷹揚《おうよう》で自由闊達《かったつ》な空気の中で彼は育った。読書好きの母親の影響を受け、彼も難解な小説や学術書を幼い頃から読んだ。家に読む本がなくなると、図書館に行き片っ端から読んだという。

高校三年生の時は普通に共通一次を受け、東北大学に入学。しかしほんの二ヶ月で大学に幻滅して中退。その後しばらくブラブラした後にロンドン大学に留学し、社会学とジャーナリズムを学ぶことにした。漠然と文章を書くことで生計を立てようと考え始めていた。

ある日、大学の課題で文章と写真を使ったルポルタージュを提出すると、先生がこう言った。

「おまえ、文章より写真のほうがいいなあ」

素人のまぐれ当たりだったのかもしれないが、すぐにその気になり、本格的に写真を撮ってみたくなった。しかしながら、写真は感性だけで撮れる代物《しろもの》ではなく、特にフィルムを使った撮影には様々な技術的な勉強が不可欠だ。カメラや機材、フィルムの扱いから始まり、光の当て方、アングル、現像など様々な技術を習得し、初めて思い通りの表現ができるようになる。感性の出番はその後だ。しかし社会学を専攻する彼には写真を学ぶチャンスはなかった。

じゃあ、独学で覚えよう。

彼は、たまたま一台のプロ仕様のキヤノンのカメラを持っていた。高校時代、工事現場でバイトしていた時に、日雇いのおじさんが一枚の質札を安く買わないかと持ちかけてきた。「明日までにお金を持ってこの質屋に行けばカメラが手に入るよ」と言われ、興味本位で実際に質屋に行くと、高価なカメラを手渡された。それをイギリスまで持って来た。

次にクリアすべき課題は、現像だった。ロンドン大学の提携校には写真学科もあり、キャンパスには本格的な暗室があった。わざと予約の入っている時間帯に暗室に行き、中にいる別の学生に「あれれ、今埋まっている時間なんだ。まあ、いいや、俺も写真やっているんだ。ちょっと手伝うよ」と嘘をついて、無理やり入り込むというゲリラ作戦を展開。その学生に「じゃあ、それ取ってよ」と言われると、そこにはいくつかの化学薬品が並んでいる。写真を勉強している人には一目瞭然《いちもくりようぜん》だが、シュンさんには何を指しているのかサッパリわからなかった。仕方がないのですっとぼけて「君はこういう時は、何を使ってるの」と聞き返し、「俺は、これだよ」と見せてもらって、体当たりで基礎を覚えていった。

今日まで、スタジオなどに入って勉強したことは一度もない。

彼の写真が初めて雑誌に掲載されたのは、ロンドン大学在学中の一九九三年。論文のテーマに、当時のジャーナリズムの最前線とも言えるユーゴ紛争を選んだ。いくつかの民族がお互いの領地を攻撃しあい、さらに自国の領地内に住む他民族を殺戮《さつりく》するという悲惨な戦いが繰り広げられていた。ユーゴは「ヨーロッパの火薬庫」と呼ばれ、毎日のように報道されていたが、誰がどういう理由で銃を向け合っているのかが理解しにくい複雑な戦争でもあった。「新聞を読んでも情報は錯綜《さくそう》していて、何が正しいのかわからなかった。だからとにかくサラエボに行って直接情報を集めることに決めたんです」

とは言うものの、当時プレス関係者がユーゴ入りすることは非常に難しい状況だった。彼は学生という立場を利用し、ベオグラードの大学の推薦状を貰い、ビザを入手した。しかし、まるでお金がなかったためユーゴスラビアまでは気の遠くなるような陸路の旅をするしかない。

それは、つまりヨーロッパ横断の旅。まず、ロンドンからバスでドーバー海峡まで出て、そこからフェリーに乗り、フランスのノルマンディーへ上陸。そこで鉄道に乗り換えパリに入り、そこからサラエボ行きの長距離バスに乗り込んだ。バスはまずドイツに入り、そしてオーストリア、ハンガリー、現在のクロアチアを経由し、ようやくボスニア・ヘルツェゴビナの首都、サラエボに着いた。

ヘトヘトになってたどり着いたサラエボは、本当に戦争の真っ只中だった。空爆により建物には巨大な穴があき、街の至るところに瓦礫の山ができている。ちょっとした空き地には、延々と墓石が並んでいた。ホテルはすでに機能していないため、学生寮の一部屋に泊まった。そんな緊迫感が溢れる戦争の現場でも、シュンさんは、やはりシュンさんだった。本領を発揮し、学生寮の人々と仲良くなり情報を集めた。

ある夜、彼らの部屋の中を見せてもらうと、そこに一丁のカラシニコフ自動小銃が立てかけてある。心臓がドキリとした。カラシニコフは子どもでも使える銃で、世界中で少年兵を生み出してきた悪名高き銃である。

シュンさんは思わずカメラを構え、シャッターを押した。

それが「ビッグイシュー」というイギリスの雑誌に掲載され、記念すべきプロとしてのデビュー作になった。

「自分が撮った写真にどれほどの意味があるかなんてわからなかったけれど、意味は周りの人が探してくれました。写真というのは、見る人によって価値が決まるんだとわかりました」

初めて撮った写真は戦争の現場だったが、その後はその世界に留《とど》まることはなかった。

「ギリギリの前線に立ち続けて、客観的に人々の生死を切り取ることが求められるジャーナリズムの世界は、撮りたい世界じゃないと思った。僕はそこまでタフじゃない。それより、普通の人の、ごく普通の生活が撮りたかった。喜んでいる姿、愛し合っている姿を」

路上のドラマを切り取る

修士課程に進んでしばらくすると、彼はどこでもいいからヨーロッパ大陸に移り住みたいと思うようになる。イギリスはやはり島国で、入ってくる情報の鮮度が良くない。

「ドイツでもオランダでもいいから、どこかヨーロッパ大陸に行って生の情報に触れたい」

ロンドン大学の先生に相談すると、パリ第五大学の人文学部を薦められた。推薦状を書いてもらい、すぐに同大学の修士課程に編入することになった。フランス語は全くわからなかったが、とにかく独学と辞書でなんとか授業についていった。

それまで、特にパリに特別な思い入れがあったわけではなかったが、この街は「普通の生活」が撮りたい彼にとって、うってつけの場所だった。街を歩けば、撮りたいイメージはそこら中にあった。

人目を気にせず長いキスをする恋人たちに、街中《まちなか》に現れたピエロを見つめる子どもたち、寒空の下で辛抱強く焼き栗を売るおじさん。

そういう無数の日常を夢中で写した。

「パリは、人間の生々しい体臭を感じる街ですよね。パリでは人間が路上で生活してるじゃないですか。だから僕はパリに惹かれるんです」

確かに、パリには路上文化というものが色濃く残っている。通りにはパン屋やチーズ屋などの昔なじみの商店がひしめき、週末にはマルシェと呼ばれる市場が立つ。カフェの外にはずらりとテーブルが並べられ、議論好きな人々が政治を語る。ミュージシャンは路上で楽器を弾き、画家は広場の片隅で絵を売り、老人たちは公園でチェスをする。それは、他の大都市では見られなくなったどこか懐かしい光景。彼はパリに感動していた。

「最近は、ニューヨークもロンドンも東京も、ショーウインドー化してしまっていると思いませんか。売っている商品も情報もその街の中で作られたものではなく、外から運ばれてきたもの。街にあるのはショーウインドーだけ。でもパリは違う。職人がいて、その人が作ったものがそこで売られている。それが、この街を都市でありながら〝村〟のようなものに仕立てあげる。そして人々は、路上を生活の場にしているから、人生のドラマが路上で起こっているんです」

パリで大学に通いながら、写真家としての仕事を本格的に開始した。当時一番多かった依頼は、結婚式の写真やガイドブックのための店舗や風景の写真だった。

「ギャラは安くて、一枚千円とかそんなもの。ついているキャプションの文章が気に入らないと、俺ならもっといいもの書けるよって言って、文章も書かせてもらったり。食っていけるってほどじゃないけど、自分一人ならバゲットかじってれば、何とかなる。そういう意味では不思議と食っていけてましたねえ」

しばらくすると、今度は日本の雑誌編集部からの依頼がグンと増えた。九〇年代の半ば、雑誌社は予算削減の真っ只中で、飛行機代を浮かせるために現地の写真家の起用にシフトし始めた。彼は、写真を撮り、文章も書ける上、フランス語も話せるので、通訳代やコーディネーター代まで浮く。学究肌の彼の取材は的確で、彼の元には続々と日本の雑誌社から依頼が入り、にわかに忙しくなった。

その頃、在仏日本大使館のオフィシャルカメラマンにも指定された。毎週のように日本関係のイベントやパーティの写真撮影に出かけた。その合間を縫うように、飛行機に飛び乗り、海外取材もこなした。依頼は、旅行記のような軽いタッチのものから、職人のアトリエ取材、モデルを使ったファッションページ、「ハンザ同盟の歴史」といったアカデミックなものまで様々。特に彼が得意としたのは、歴史や建築、科学技術などをテーマにした専門的な取材。未知のテーマに当たるたびに、図書館や資料室にこもって調べまくり、何とか記事を書いた。息つく暇もなかったが、仕事が面白くてしょうがなかった。いつの間にか大学はズルズルと行かなくなり、幽霊学生になって三年目、ついに中退。

「書を捨てて町に出よってなもんですよ。本物のルポルタージュを書いてたら、大学行って、いい成績取るためにレポート書くなんて、ばかばかしくて」

全てがうまく転がっていた時期、その不測の事態は起こった。

子どもが生まれることになったのだ。

相手は当時の恋人、ルーマニア人のアドリアナ。

「駆け出しのカメラマンだった僕にとって、恋人が妊娠してしまったのは青天の霹靂《へきれき》でした。自分一人の生活すら覚束《おぼつか》ないのに。でも、生まれて来るからには、責任取るだけです」

その責任の取り方がいかにもフランスらしいなあ、と思う。日本では責任を取るというのは、「結婚する」とか「養育費を出す」とかいう意味だが、フランスでは結婚は二の次。話し合った末、二人は結婚はせずに、交代で子育てをすることに決めた。

そんな複雑な状況で生まれてきた子どもは、ユリオと名づけられた。

ユリオの誕生

「初めてユリオを見た時は、へえ、これが俺の子か。なんだか猿みたいだなあって思ったりして。赤ん坊なんて周りにいないから、抱き方一つわからないし」

責任を取ると言い切ったものの、子育ては予想以上に大変だった。アドリアナが仕事で忙しい時はシュンさんが子守《こもり》、というシーソーゲームのような毎日。自分の寝床である暗室と、彼女が住むカルティエ・ラタンのアパートを、日に何度も往復した。

子守の日には、数キロあるカメラバッグを提げ、赤ん坊を体の前に縛り付ける。さらに哺乳瓶や色々な道具が入った大きな鞄を提げた。その格好をして、スーパーでオムツやミルクなどの買い物をしていると、恥ずかしくてしょうがなかったという。お手本にすべき両親も傍《そば》にいず、見よう見まねでオムツを替え、お風呂に入れ、ミルクを飲ませた。全てが手探り状態だった。

山のように解決すべき問題はあったが、その一つが、ユリオを何語で育てるのかということである。

言葉はアイデンティティであり、思考の道具であり、文化や知識への入り口である。ユリオは、日本、ルーマニア、フランスと三つの交錯するアイデンティティを背負って生まれて来た。パリで育つ以上は、当然、母国語はフランス語、アイデンティティはフランスになる。

それでいいのか？　それは二人が真っ向から考え抜き、決断しなければいけないことだった。

「彼女と、とことん話し合ってアドリアナはフランス語を、僕は日本語だけを話すことにしました。とにかくユリオに日本語を話せるようになって欲しかった。でも、ユリオの周りで日本語を話すのは僕だけ。つまり吸収する日本語の九十九パーセントは僕からですよね。だから安易に横文字は使わないようにしました」

例えば「そのドアを開けて」と言うのは簡単だが、ドアという単語はこの先の人生でいくらでも覚えられる。だからあえて「扉を開けて」と言う。

「僕が使わなければ、彼は扉という言葉を覚える機会を永遠に逸してしまう。だから、色を表現する時も無理して『橙色《だいだいいろ》』や『緑色』なんて言います。カップは湯のみ、スプーンは匙《さじ》」

全てシュンさんの力量にかかっていた。

「だから、僕にとっての子育ては、壮大な実験だった」

この子を守ってあげたい

シュンさんは、とにかくどんどんユリオに日本語で話しかけた。

「そしたら、ある日、赤ん坊が僕を見て、ニコ〜って笑ったんです。わあ、すごく可愛いなあって思って。これが俺の子なんだあって」

間もなく実験の成果は現れた。幼いユリオは、フランス語と日本語を同時に話し始めた。その二つは交じり合うことがなく、はっきりと別の言語として認識しているようだった。

シュンさんは「面白い！」と思い、ありとあらゆることをユリオに話して聞かせた。身の回りのこと、仕事のこと、日本のこと。ユリオは、スポンジのように日本語を吸収していった。

さらにシュンさんは、スーパー、郵便局やカフェ、役所などありとあらゆる外出先にユリオを連れて歩いた。仕事が忙しい時は、取材先に連れて行くこともあった。「ユリオ、今日はお父さんのアシスタントだぞ」と言うと、ユリオも「うん、わかった」とその気になった。

「僕がこういう職業でよかったです。二人で過ごす時間の長さも密度も、普通のサラリーマンの父親とは比べ物にならないでしょう。それに、僕にとってユリオと出かけることは、半ば遊んでるのと同じですから」

休日は二人で散歩し、自転車に乗り、釣りに行った。思い返せば、出かけずに一日中家にいた、なんてことはまずなかった。そして、二人で外出するたびに、彼は息子の写真をたくさん撮った。

「僕は経済的なものは残してやれない。父親として残してやれるものは、記憶と経験だけです」

ユリオの話をしていると、私はついアドリアナとの関係が気になってしまう。私から見ると、二人はいかにも不思議な関係だった。結婚はしていないが、同じ屋根の下で長い時間を過ごす。それでいて時々シュンさんは、アドリアナのことを「昔の彼女」とか「息子の母親」などと呼ぶことがあった。そこには過去の人というようなニュアンスが汲《く》み取れるが、実は今でも二人はとても仲が良く、一緒に食事をしたり、出かけたりする。

ある時思い切って、「シュンさんとアドリアナさんは結婚しないんですか」と聞いたことがある。

「うん、それはないですね。恋愛感情は持ってないので」と彼は言った。「でも、だからと言ってもう他の誰とも付き合うつもりはない」と彼は断言した。

「だって、ユリオには僕たち二人しか親になれる人はいないから。僕やアドリアナが他の人と付き合ったら、ユリオの居場所がなくなってしまう。子どもは本当に弱い存在です。人ごみの中で、ユリオはいつも手を伸ばして、僕の手を握ってきます。子どもが最後にしがみつける場所、安心できる場所は家庭じゃないですか。そういう場所をユリオに絶対に作ってあげたかった」

そのためなら、もう恋愛はしないと言い切れる潔さ、思慮深さ、愛情の深さに、この人たちはすごいと思った。

「とは言っても、そういう風に明確に考えられるようになったのは、ずっと後からなんですけどね。生まれた当時は、責任を取らなくてはと、ただ必死で、精一杯、子育てしてた。でも、だんだんと家族に対する気持ちが変わってきたんです。父性っていうのが生まれてきたのかなと思うんですよ。男の場合は、自分から子どもが生まれて来るわけじゃないから、時間がかかるんですよ、父性を感じるのが。僕自身も何なのかはまだ定義しきれていないものなんですけど、それは責任とはぜんぜん違うものです。やっぱり、愛しいという気持ち。この子を守ってやりたいという気持ちかな」

最初はどことなくギクシャクしていたアドリアナとの関係も、だんだんと変わってきたという。

「アドリアナとは家族になった。子はかすがいと言う通り、お父さん、お母さんという感じかなあ」

　ユリオが生まれた当初はほとんど暗室で寝泊まりしていたが、三歳を過ぎた頃から、彼もカルティエ・ラタンの家で過ごすようになった。狭いリビングと寝室だけの小さなアパルトマンだが、美しい中庭に面していて明るい部屋だ。最近は三人で夕飯を食べることも多い。火曜日は市場から新鮮な魚を買ってきて、シュンさんが日本食を作る。彼が日本から持ってきた卓袱《ちゃぶ》台を囲んで、ご飯を食べる。前では、考えられないことだという。

「この間三人でルーマニアに里帰りしてきたんですよ」

　と、デジタルカメラの画面を見せてくれたことがある。そこにはアドリアナの実家であるトランシルバニア地方の風景が広がっていた。そこはヨーロッパ最後の辺境と呼ばれるところ。物語のような青い空の下に、柔らかな起伏の草原が続いている。一本の土の道があり、そこを母親と息子が手をつないで並んで歩いている。少年の栗色のまっすぐな髪をそよ風がなでている。

　それは本当に優しい写真だった。

　フランスという国は本当に家族の定義が曖昧《あいまい》なところだ。戸籍や血のつながりは関係なく

「家族」になれる。今や子どもたちの二人に一人は、両親が結婚していないカップルから生まれてくる。結婚まで行き着いたカップルの半数は離婚してしまう。一九九九年には、パックスと呼ばれる同性・異性を問わないカップルの共同生活の形が法制化されるに至り、家族の定義はさらに曖昧になった。

この国では、家族とは概念的な存在で、そこに必要なのは愛だけなのかもしれない。愛が家族を形づくるとしたら、三人は家族そのものだった。

壮大な実験のその後

ユリオは現在十歳になる。

私に会うと、日本語で「あ〜、こんにちは！」と礼儀正しく、ノビノビと挨拶する。それは、とても気持ちの良い話し方だ。

私が何かの拍子に「ありがとう」と言えば、必ず「どういたしまして」と返す。そんな自然で美しい日本語にも驚かされるが、シュンさんとユリオの間に流れる会話に、いつも私は聞きほれてしまう。

シュンさんは息子と話す時、まるで手加減なしに難解な言葉や専門用語をどんどん使う。ユリオは、理解できなければすぐに「お父さん、それはどういう意味？」と質問した。シュンさんは自分で宣言したとおり、横文字やフランス語を使わずに説明する。

ある日、私が会話の中で、「それってキリがないよね」と言うと、ユリオは「キリって何？　キリはなくても水があるの？」と尋ねた。私が「ええと……」とうまく説明できずにいると、シュンさんはすかさず説明を始めた。

「ユリオ、終わりがないってことだよ。『切る』ってあるだろ。そこから来てるんだ。キリがないっていうのは、つまり、切れないっていうことだな。もう一つ説があるんだよ。花札あるだろ。あれに月ごとに色んな花の絵が描いてある。十二月の花は桐なんだよ。つまり、やっぱり終わりってことなんだ」

彼が読んできた無数の本や数々の取材が、こんなところで活きていた。

私とシュンさんとユリオの三人で、シュンさんの手作りランチを食べた時は、こんな会話が繰り広げられた。

「ユリオはね、きつねうどんが好きなんですよ」と言いながら、シュンさんが油揚げがのったうどんをテーブルに運んで来た。するとすかさず、

「ねえ、お父さん、なんで油揚げがのっていると狐なの？」（ユリオ）

「お稲荷さんは油揚げが好きなんだよ」（シュンさん）

「お稲荷さんって何？」（ユリオ）

「神社の入り口に狐の像があるだろう。あれをお稲荷さんって言うんだよ。商売繁盛の神様で……」(シュンさん)

シュンさんは説明をしながら、一口うどんをすすった。

「あれ、ちょっとしょっぱくなっちゃったな。ごめんな、ユリオ。お前は薄味の関西風が好きなのになあ」

それを受けて私が、

「へえ、ユリオ君って、グルメなんだね」

と言うと、ユリオはすかさず、

「それを言うなら、ツウって言ってよ」

とすました顔をするので、私たちは笑い出した。そんな日本語のニュアンスまでよく知っているものだ。彼が日本に住んだことがないことを考えれば、驚異的なことだった。

「壮大な実験は、まさに実を結んでますね」

私が笑うと、シュンさんは、

「おかげで、ああ言えばこう言う。もうすっかりクソガキですよ〜」

と照れた。私から見ると、ユリオ君は、好奇心旺盛で、とんでもなく愛らしい子どもだった。そう口にすると、シュンさんはこう振り返った。

「そうですね、少なくとも、ひねくれた子にならなかった。パリ、そしてカルティエ・ラタンというのが、ユリオにとって良かったのでしょうね」

フランスは多民族国家で、世界中からの移民がパリで暮らす。ユリオの通う小学校でも、「うちはお父さんはイスラム教徒だから豚肉は食べないけど、お母さんはローストポークが大好き」とか「これからインドに里帰り」とかいう子どもがそこら中にいる。

「そういうカルチャーの場所で育ったから、ユリオには文化の優劣がないんです。全て並列。ここにマカロンとどら焼きがあったら、マカロンのほうがお洒落《しゃれ》とか、どら焼きはダサいとかいった感覚はない。知らないものも人もすんなり受け入れる子になりました。だから、ユリオの大好物はスルメなんですけど、こいつはシャンゼリゼに行く時も、おやつにスルメ持って行って、食ってるんですよ」

過去とも未来とも勝負したい

彼は今でも一年中、取材でヨーロッパや北アフリカを駆け巡る。常に新しいものを見て、新しい人に出会う生活は傍目《はため》には楽しそうだが、「中には、やりたくない仕事もあります。でも家族への責任を果たすために引き受けてる」。

その穴埋めをするように、休みになればパリの辺境を彷徨《さまよ》い、かなりの量の作品を撮り続ける。

普段の仕事ではデジタルカメラを使うが、作品を撮る時は金属製の四角い箱のような珍しいシェイプのカメラを持ち歩く。ハッセルブラッドというスウェーデン製の本体にドイツ製のレンズをつけたもので、装塡《そうてん》するフィルムは六センチ×六センチの真四角のものだ。

「ロール一本につき十二カットしか撮れないんですよ。フィルムって本当に高い」

フィルムを無駄にしないよう、彼は無二《むに》の一瞬をじっと待ち、これだという瞬間にシャッターを押す。だから、彼の作品には、どこか絶対的な美しさと緊張感があるのだと思う。

写真は、自分の暗室で一枚ずつ丁寧に現像する。暗室といっても日当たりの悪い安アパートの窓をきっちり目隠しし、日光が入らないように改造された息苦しい部屋だ。納得いくまで何度も焼きなおすという。

「どうして白黒フィルムにこだわるの？」と聞いてみた。

「フィルムには、クオリティの普遍性があるから」

「どういう意味？　デジタルのほうが画質も変わらないし、普遍性があるんじゃなくて？」

「いや、フィルムってメディアとして、もう完成されているんです。特に白黒フィルムのテクノロジーっていうのは一九五〇年代で止まっているんです。これ以上進化がないんですね。だからこそ白黒フィルムの写真は百年後にも残っていくものだと思うんです」

そうか、デジタルカメラは日々進化を遂げ、今日の技術が明日には古くなる。十年後にはまた新たなテクノロジーが生まれ、現時点では想像できないほど高画質の写真が撮れるようになる。

「僕は過去とも未来とも勝負したい。時代というものを写している以上、完全な勝負はできないのかもしれない。でも同じ技術を使ったものならば、同じ土俵で勝負できる。だからフィルムなんです」

偉大な写真家たちと勝負しながら、彼は百年後の世界に足跡を残そうとしている。

そう、書いてみて、私はふと思った。

実は彼の足跡は、パリのそこら中に刻まれている。

彼は写真を撮りっぱなしにするということがない。取材で訪れた店でも、作品のために話しかけた栗売りのおじさんでも、サーカスキャラバンでも連絡先を聞いておいて、後で写真を届ける。

彼がよく行く下町のモロッコ料理屋に立ち寄れば、店員やお客さんを写したモノクロ写真が壁一面に貼られている。シュンさんが顔を出せば、店員は、「シュン、俺の恋人が今来てるんだよ、一杯奢《おご》るから撮ってくれ！」と叫ぶ。彼は、「もちろん！」と微笑んで、シャッターを切る。

パリ市民の何人がシュンさんの写真を持っているかなんて、今となっては数えられない。それは、一度の写真展や一冊の写真集とは比較にならない、ゆるぎのない足跡だと思う。

日常は平凡ではない

久しぶりにパリに大雪が降った日、シュンさんに電話すると彼は元気一杯だった。

「すごい雪ですね！　普段見られない光景ばっかり。ああ、面白かった」

彼は雪を見るなり、すぐにカメラを片手に街に飛び出したという。白一色の景色がどこまでも続くセーヌの川べりを歩いていると、一人の女性が身じろぎ一つせず川を眺めていたらしい。話しかけると、彼女はタイからの留学生で、その日、生まれて初めて雪を見たのだと告げた。彼女の頬はうっすらと濡れているように見えた。彼は邪魔をしないように、後ろからそっとシャッターを押した。その幸福な後ろ姿は、ある写真専門誌に掲載された。シュンさんは、その写真に添えた文章に、「日常とは決して平凡という意味ではない」と書いた。


私はといえば、彼とは正反対に、家に閉じこもり雪をやり過ごしていた。

「私はもう冬はうんざり。なるべく早く雪が止むように祈ってるところ」と彼に電話で言った。

数日後、家の郵便ポストに一枚の絵葉書が届いていた。差出人を見ると、シュンさんからだった。

――前略　夏のオプティミストなイメージが出てきました。草々――

モノクロの写真に、橋の欄干によりかかる一人の女性の横顔が写っている。背景には、セーヌ川左岸のフランス学士院。写真の中で女性は、なんとも嬉しそうに笑っていた。

それは、私だった。

あの夏のピクニックの夜、彼はすばやく私の写真を撮り、葉書サイズに現像していたのだ。

そんな絵葉書が届くことが人生に何度あるだろう？

やっぱり彼にはかなわないな、と思った。

確かに、日常は決して平凡なんかじゃない。

Nikon

1&11区

自分の城が欲しかった

先手必勝、オペラ座に
漫画喫茶を
開いた起業家

バスティーユの裏通りの〝日本〟

夢でも見ているのだろうかと思った。ここは、フランス革命で有名なバスティーユ地区の、薄暗い裏通り。私がパリに引っ越してきて、一週間も経っていない晩秋の夜のことだ。

短期で借りていた陰鬱《いんうつ》なアパルトマンを抜け出し、人気のない道をただボンヤリと歩いていた。そこに明らかに不思議なお店が佇んでいた。オレンジ色の柔らかい街灯の光を蹴散らすように、蛍光灯のピカリとした光が店内から漏れている。店の入り口には、「うらばす」と書いてあった。中には大量の漫画がずらりと並べられ、数人が漫画を読みふけっていた。

ここは、漫画喫茶なのだ、と理解するのに数秒かかった。辺りをクルリと見回せば、やっぱりそこは古い裏窓が並ぶパリの街角だった。人は、あるはずのないものを発見した時、脳の動きが止まってしまう。そんな感じ。私は、その眩《まぶ》しい空間にフワリと吸い込まれていった。たぶん、ちょっとだけ緊張していたと思う。自由に入っていいのか、よくわからなかったからだ。

中には若い男性がいて、「いらっしゃい」と笑顔で迎えてくれた。それが、オーナーの野村真司さんだった。がっしりとした体型で、冬も目前なのに日焼けしたような顔をしていた。

それから、私は時々「うらばす」に寄るようになった。漫画を読むこともあったし、ただ野村さんとしゃべるだけの時もあった。私はパリに来たばかりで、友達が一人もいなかった。ごくたまに私たちは、深夜のカフェに繰り出し、お互いの身の上を語り合った。わかったことは、野村さんは普通の日本人で、結婚していて、漫画喫茶をオープンしたばかりだということ。そして、彼はたったの二十六歳だった。

私たちには、ささやかな共通点があった。フランスに来たばかりで、フランス語が話せないこと。バスティーユの裏通りで一日の大半を過ごしていることだ。

私は尋ねた。

「どうしてこんなところに漫画喫茶を開いたの？」

それは、けっこう長い話だった。

若きファッションデザイナー

彼の生きた二十六年間は、まるでクルクルと場面が変わるオムニバス映画のようだ。漫画喫茶にたどりつくまでに、人生の舞台が三つの大陸、三つの職業にまたがっている。

彼は静岡県、沼津のサラリーマンの家庭に生まれた。新幹線で東京から一時間で、山もあれば海もあるという住みやすい町だが、それは彼にとって「どっちつかずの町」。中学校を卒業する十五歳の時、「もう日本には興味ない。海外の高校に行きたい」と両親に話すと、二人とも「じゃあ、がんばってみたら」と応援してくれた。母親の「なんか安全そう」というツルの一声で決まった留学先は、オーストラリアのシドニー。中学レベルの英語のままで、現地の単位制高校に飛び込んだ。

最初の数ヶ月は言葉の問題でてこずったが、それを克服したあとは車を乗り回してデートをするといったごく普通のハイスクールライフが待っていた。彼いわく、オージー高校生は「もうバカの集まり。競争心は持ってなくて、ひたすら自分がやりたいことをやってるだけ」。のんびりとした環境の中で、彼はアートやデザインの世界にノビノビとのめりこんでいき、いつの間にか自らも洋服のデザインや縫製を始めた。巷ではおりしも、インディーズのデザイナーブーム。周りにもヘンテコリンな一点物の洋服をチクチクと縫っては、「俺はデザイナーだ」と名乗る若者があちこちに出没した。しかし十七歳の野村さんは、「なんだ、一人で勝手にデザイナーを気取ってるけど、ただの『なんちゃって』じゃないか」と思った。自分がファッションをやるとしたら、本当にプロとしてやりたい。デザインしたものを大量に縫製工場で生産して、それが店頭に並ぶ。それがプロというものだ。

そんな頭一つ飛び出した考えのもと、高校卒業の直前には自分のファッションブランドを立ち上げた。とはいっても、大げさなコンセプトも戦略もなく、自分が気に入った服をデザインしていただけだが、商品はショッピングモールやセレクトショップに並んだ。

　高校生ですごいですね、と私が言うと、彼はまったく気負わない口調でこう言う。

「僕が色んな人と話していて聞きたいのは、何をしたいかじゃない。何を成《な》したか。よくファッションとかやっていて『いいデザインをしたい』とか言う人がいるけど、それも形にならなかったらただの妄想でしょ。何でも思いついたら世の中に出してあげないといけないよね。でも、この世の中には、『何をしたいか』を語る奴が多すぎる。思っているなら、やらないとね。とにかく一歩を踏み出せば案外うまくいく。だから、みんな一歩を踏み出せばいいのにって思ってるんだ」

　彼の言うことは、もっともだ。しかし、その溢れ出す自信が、ちょっとだけ高慢にも聞こえ、時に圧倒されてしまう。誰もが彼みたいに簡単に一歩が踏み出せるわけじゃない。

しかし、その彼にも完全に自信を喪失し、何も生み出せない苦しい時代があったらしい。

それはもう少し後の話になるが。

　オーストラリアでそれなりの成功を収めると、今度はそのブランドを引っさげ、日本に凱旋帰国を果たした。それは、「十九歳の海外帰りのデザイナー」と、ファッション雑誌を一時賑わせた。渋谷のファッションビルに彼の商品が並び、雑誌にもたびたび取り上げられた。事業は軌道に乗り、数年が経過した。

二十三歳の時、仕事で初めてパリに行くことになった。多くの人を惹きつけてやまない「パリ」には、彼は何の憧れもなかった。それなのに、パリを目にするやいなや「ここがモードの中心だ！」と感じた。

「これは、すっごい街だなって。お洒落で、キレイで。ここでブランドを広げたら、これほどすごいことないだろうなあって思った」

そんな心を見透かすように、一人のフランス人の雑誌記者が「自分のブランドを作って、お店を開いたらどう？」と誘ってきた。

パリに自分の店を開く。

ファッション界に生きる人ならば、そこを一つの到達点にしている人も多いだろう。波にのっていた怖いものナシのデザイナーには、それはすぐに手が届きそうな場所のような気がした。二十三歳、フランス進出を決意。フットワークが軽い、軽い。

「安易だったよねえ。やっぱり若さだったのかな」

今思えば、旅行の時はパリの汚い部分は見えなかったと失笑する。しかし、知らぬが仏ということもある。

滞在許可証と事件

さて野村さんは、決めたらとりあえず挑戦してみる人なのは前述の通り。調べてみるとコメルソン（事業者用）ビザというものがあるではないか。大手の企業しか取れないと噂には聞いたが、とにかくトライしてみることにした。会社の決算表など必要書類を提出し、得意な英語を生かして面接に臨んだ結果、これがなんと一発で合格。フランス語が一言も話せないまま、渡仏することが決定した。

ヨーロッパで自分のブランドを開くんだ。

今まで築いてきた安定した生活への未練は、新たな大陸への進出という希望に取って代わった。今度は、フランスの滞在許可証を取得するため再び機上の人となる。滞在許可証はビザとはまた別の手続きで、フランスでの長期滞在に向けた大切なステップである。煩雑な手続きに何度も役所に通う羽目になる人も多いが、野村さんは短い滞在で無事に手続きを終え、湧きあがる安堵《あんど》感と興奮が入り混じった気持ちで滞在の最終日を迎えた。人生はここでフランスに向けて大きく舵《かじ》を取ったかのように見えた。ところが、すぐそこに大きな分水嶺《ぶんすいれい》が迫っていた。

「滞在許可証も出たし、嬉しかったんだろうなあ。短期貸しで借りたアパートにベランダがあってね、最後の日に綺麗だなって思いながら夕日を眺めていたんだよね」

ベランダと部屋には三十センチほどの段差があったのだが、それを何気なく下りた時に、ブチッと音がした。

「痛い！」

大の男がうずくまったまま、何分間も動けなかった。膝はそっと動かすだけでも刺すような激痛が走り、マトモに歩くこともできない。しかし、とにかく日本には帰らねばならないので、空港で車椅子を借り、何とか家まで帰りついた。後からわかったのだが、その時、膝の靭帯《じんたい》が切れていたのである。

病院に行くと、「すぐに入院の準備をしてください」。軟骨の一部を切除する手術を受け、一ヶ月間入院した。目の前のパリ生活という扉がバタリと閉まり、代わりに待っていたのは、長く退屈な療養生活だった。

「入院中は、下半身はまるで動かせないんだけど、病気ではないので上半身はすごく元気なんだよ。だから食べるのがすごく楽しみでさ。おかげで二十キロ太ってしまったんだよね」

悪いことは続くもので、今度は急激な体重の増加のせいで腰痛が止まらなくなり、椎間板ヘルニアになってしまった。退院はしたものの、腰が痛くて家の中を這って歩く始末。当然フランスなど行けるはずがない。日本の会社は既になく、やるべき仕事もなかったため、それまでの激務が蜃気楼《しんきろう》のように消え、暇になった。

どうしよう……。

膨大な時間を埋めるために、ネットで小遣い稼ぎのような仕事を始め、いつの間にかそれにドップリと没頭していた。ひがな一日外出もせずにパソコンに向かっていたところ、今度は左目がチクリとした。目が赤く充血し、ちょっとした光を浴びただけで痛みが走る。眼科に行くと、今度は左目の角膜が傷ついているので、パソコンを見ないようにと厳重に注意された。もう踏んだり蹴ったり。腰も相変わらずズキズキと痛んでいた。脊髄《せきずい》へのブロック注射で痛みをごまかしながら生活を続けていたが、むしろ悪くなる一方だった。

寺とパリと漫画の山と

病気に翻弄されているうちに、気づいたら二十四歳になっていた。療養生活はもう一年間も続いていた。病気によって変わってしまったのは体調や人生計画だけではなかった。ファッションの世界から遠ざかって時が流れ、不思議なくらい綺麗サッパリとファッションへの情熱が消えていた。

「どうしてですか？　それは、不思議ですよね」

話を聞いている私は、当然の疑問を口にした。

「二十キロも太って体型が変わってしまったでしょ。もうただのデブ。もうスリムなパンツもはけない。病院じゃお洒落もできないしね。ファッションのことなんか考えられないよ。それにさ、長く続く病院生活で、なんかすっかり自信をなくしてしまったのが一番大きいかな。ファッションの世界って、自信がすごく必要。自分はできるぞって自己暗示をかけて、インスピレーションを得て、新しいデザインができるようになる。でもそれがなくなると、もう何もないんだよね」

野村さんは、すっかり空っぽになっていたという。やりたいことを考える余裕もなく、どうやったらこの痛みから解放されるのか、そればかり考えていた。友人たちはみなバリバリ働いているのに、彼の毎日の予定は整体に行くことだけ。どうやっても気持ちは落ち込んだ。

名古屋に優秀な整体の先生がいるという話を耳にした。お寺の住職をしながら治療も行っているという。その先生に賭けて、ええいと名古屋に転居までしてしまうほど、切羽詰《せっぱ》まった精神状態に陥っていた。

名古屋に行ってしばらくした頃、整体の先生が、「野村君、よかったら整体でも習ってみる?」と聞いてきた。たぶん、暇を持て余す野村さんを見かねて提案したのだろう。

「デザインのインスピレーションがなくなった自分はタダの人。手に職もないしスキルもない。整体でも習っていれば、これで食っていけるかもしれない、人生の保険になるかもしれない」

彼は「はい」とうなずいた。

パリもファッションも忘れて、心機一転、一発逆転、整体師への道を目指すことにした。チャレンジするのは国際免許の取得。とは言うものの、それは思いつきでできるほど簡単ではないようだった。そこで、先生のお寺に住み込んで、勉強させてもらうことにした。

生活は激変した。毎朝、夜明け前に起床し、寺の境内を掃除。午前中は整体の専門学校に通い、午後は先生の経営する整体院に通ってアシスタントを務める。夜はアルバイトに精を出し生活を支える。近所のホテルの宿泊客が指圧師を呼ぶことがあり、そこに先生と一緒に行き、指圧を練習した。

「まあ、勉強というより修行生活ですよねえ。お寺にとってみたら体《てい》のいい丁稚《でっち》奉公《ぼうこう》ができたぞ、なんて思ってたんじゃないかなあ。でもそれはそれでよかった」

寺での規則正しい生活は、野村さんの心と体を健康にしてくれた。そして無事に整体の免許を取得。すると不思議なことに、喪失していた自信も少しずつ甦ってきた。

自分が目指していたのはやっぱり整体師ではない。もう一度何かに挑戦したい。自分の情熱をかけられる何か。何だろう、と新たなやる気が湧いてきた。

その時思い出したのが、以前に取ったフランスのビザである。今なら自分次第で再びあの扉を開けることができる。

「やっぱり自分はパリに行こう、と決心しました」

しかしながら、一度失ったファッションへの情熱が甦ることはなかった。

「だから、問題は何をやるかだけ。何にも予定がないんだから、今度は自分がやってみたいことをすればいいんだって思って。僕の場合は、とにかく自分の城になる場所が欲しかっただけですけど」

煙草をふかしながら悪戯《いたずら》っ子のようにニッコリ笑った。

「まず何でもいいからパリでお店を開きたいと思ったんです。でも最初は何をしたらいいかわからなくて」

飲食店はスキルがないから無理だし、物販にはもう興味がない。何かできることないかなあ、と考えた時に、ふと漫画喫茶はどうだろう、と浮かんだ。調べてみるとヨーロッパには漫画喫茶はまだないようだった。特に漫画好きというわけではなかったが、開店すれば当たるかも、とその気になってきた。パリには日本人の学生や駐在員もたくさん住んでいるし、フランス人の漫画好きは世界でもよく知られている。フランスは日本国外における最大の日本漫画市場といわれ、大きな書店に行けば一番目立つ場所に「MANGAコーナー」があり、若者たちが座り込んで『デスノート』や『20世紀少年』を読み漁《あさ》る姿が見られる。考えれば考えるほど手堅い商売のような気がした。
そうだ、そうしよう。野村さんはすぐに漫画収集にとりかかった。

誰にも相手にされない

限られた資金の中でもっとも人気のある漫画を集めるために、ネットで市場調査を開始。何万冊もある中で、これぞと思う少年漫画、少女漫画、青年漫画を選ぶ。ネットでの売買なら彼の得意分野である。専門の漫画流通業者を見つけて一万冊の漫画を購入。その合間、再度パリで勝負をかけるべく飛行機に乗り込んだ。

人生の舞台は再びパリへ。

感慨に浸る間もなく、すぐに不動産屋巡りを開始した。フランス語はぜんぜんわからないので、まずは日本人が経営する不動産屋を回った。異国でがんばる者同士だし、きっと応援してくれる、という淡い期待はあっさり裏切られ、「漫画喫茶を開きます！」という彼の話を聞くなり、みんな一様に、

「漫画喫茶？　何それ？　そんなワケのわからない商売、むりだよ。フランスのことわかってないね」

「甘い、甘い。すぐ潰れるからやめときなよ」

と上から目線なアドバイスを繰り返す。

「とりあえず物件を紹介してください」と一生懸命お願いしても、「そんな甘い商売に貸せない」と冷ややかに断られた。彼がまだ二十代で、ビジネスマンとはほど遠いラフな格好をしていたからかもしれない。

「相手にされず悔しかったですよねー。でも、もう後にはひけない。日本人に頼るのは止めて、自分の足でフランス人の不動産屋を地道に回ればいいやって」

私は話を聞きながら、漫画喫茶とはそんなに「ワケのわからない商売」なのだろうかと不思議に思った。今や、漫画喫茶は日本全国どこにでもある。

野村さんはパリの日本人の反応を目の当《ま》たりにして、「パリって、変わりたくない人のための街なんだな」と感じたという。確かに、パリに長年住んでいる人の中には、考えがコンサバに固まってしまっている人がいる。パリの街が二百年前から大して変わっていないことと関係があるのかもしれない。昔の価値観を守り続けることが美徳とされる国にいるうちに、新しいことが受け入れられなくなっていくようだった。

彼は、それならいいや、俺は俺の道で行く、と一人で街を歩きまわり始めた。

十二月二十六日の偶然

　さて、不動産屋巡りをするためには、場所のアタリをつけなくてはならない。パリで日本人が集まるところといえば、オペラ座近辺のいわゆる日本人街だが、あの辺は繁華街なので家賃も一流。それに、日本人街はフランス人にとってはむしろ近寄り難い雰囲気をかもしだしている、という意見もあった。万が一、日本人の客が集まらなかった時には、フランス人用の漫画を置くことも視野に入れていたので、フランス人にとっても目立つ場所が理想だ。検討の結果、フランス人向けのコミックショップが集まる、通称「ＭＡＮＧＡ通り」があるバスティーユに決めた。この辺ならパリの中心地からも遠くないわりに下町の雰囲気が残っていて、家賃もそんなに高くない。

　パリには、個人が賃貸広告を出せる週刊情報誌がある。個人間とりひきで不動産屋の仲介手数料がかからない分、好物件には何十人もの人間が群がり、熾烈《しれつ》なバトルが繰り広げられる。彼が最初に目をつけたのも、この雑誌だった。五行ほどの小さな広告欄を目で追い、気になる物件があれば電話をかける。その繰り返し。これは、という物件広告を見つけても、すでに決まっていたり、競争率が高すぎたり、狭すぎたり、汚かったりと何かしらの問題があって、なかなか決まらなかった。

　探し始めて三ヶ月目。バスティーユ駅から歩いて十分ほどの物件を見に行った。地上階と地下一階がセットになった物件で、あわせて八十平米ほど。表通りから一本入った静かな通りに面している。人通りは多くないが、目の前にユースホステルがあり、たくさんの日本人旅行者が泊まっている。インターネットカフェも併設すれば、ホステルから人が流れてくるかも。家賃も予算の範囲内。

「ここで勝負しようと思いましたね」

彼はついにオープンへの王手をかけた。息つく暇もなく日本に帰国し、購入済みの漫画をパリに向けて発送。そしてまたパリにトンボ返りし、オープンの準備を開始。やることは無数にある。本棚や椅子、パソコンなどの備品の購入。そして、料金体系やシステムも決定。内装に看板作り。

「お店は、とにかく人が集う場にしたいと思ってました」

漫画とインターネット、というだけではなく、個人広告を貼り付けられる掲示板や貸し文庫本サービスなども行うことにした。名前はバスティーユの裏通りに面していることからUra-B@stille、通称「うらばす」。

全ての準備が整い、二〇〇四年の秋に開店にこぎつけた。ビザを取得してから実に二年の月日が流れていた。

「開店の日はどんな日でしたか？」

「とにかく落ち着かない気分でしたね。掃除したり、外を眺めたりして、早く誰か入って来きてくれないかなあって待ってましたよ」

でも、と彼は言葉をつなぐ。「僕は運命論者なところがあるんですね。目に見えない何か。ジンクスっていうかね、運命的なものを信じてるんですよ」

開店から二時間が経ち、午前中も終わろうとしている頃、ようやく一人の旅行者がブラリと入ってきた。インターネットを利用しに来たという。予想通り向かいのユースホステルの宿泊客だ。最初の客だという自覚もないその男性が、実は〝ジンクス〟の男だった。

初めてのお客さんが嬉しくて、野村さんは色々と話しかけた。他愛もない会話の流れの中で、なぜか誕生日の話になった。お客さんが「十二月二十六日生まれです」と言うので、野村さんの頭の中には小さな光が点滅した。なんと、彼と同じ誕生日だった。

「その時に、これはいい方向に行くんじゃないかなと思ったんですよ」

数日後、その男性が同じホステルの宿泊客の男性を連れてまたやってきた。驚いたことに、その人も十二月二十六日生まれ。あまりの偶然に「ええ、ほんと？」と三人で驚嘆の声を上げていると、インターネットを見ていた女性のお客さんがクルリと振り向き、「あの……私も十二月二十六日生まれなんです」と言うおまけつき。パリの裏通りに、同じ誕生日の日本人が四人揃う確率はどれくらいなのか、いつか統計学者に計算してもらいたい。野村さんは、少し自信を持ち始めた。

しかし、決して愉快なことばかりではなかった。最初の数ヶ月は、とりあえずアルバイトは雇わないと決めていたので、やたらと忙しい。店は朝十時から夜十時までの十二時間営業の年中無休。かなりハードである。

話は逸《そ》れるが、野村さんは渡仏直前に結婚をしていた。オーストラリアに滞在中の十八歳の時に出会った四歳年上の女性、それが奥さんのなおこさん。

「会った時は僕の一目ぼれで、もうそれからアタックしまくりました」

その時から二人はずっと一緒に時間を過ごしてきた。病気の時も、漫画喫茶のオープンも小船に一緒に乗ってきた彼女は「本当の意味で、人生のパートナーです」。

最初の一年間は、なおこさんと交替で店番をこなした。

バイトを雇わなかった理由は、常連のお客さんをつけるため。一般的に、フランスの小売業の接客態度は、かなり悪い。カミサマはお店側で、お客さんはお金を積んでそのサービスを利用させていただいている、という間違ったヒエラルキーが定着している。そのカルチャーはパリで働く日本人にも見事に受け継がれていて、日本食レストランや日本人がいるブティックに行くと、店員の態度はビックリするほど横柄。それを知って野村さんは、自分の店ではお客様をカミサマにしようと誓った。

「とにかく笑顔でお客さんと積極的に会話する店にしたかった。でもそれをバイトの人に強要はできないよね」

私が初めて「うらばす」に入って行ったあの日は、オープンからたったの一ヶ月しか経っていない頃だった。まだ二人は発生するトラブルにモグラ叩きのように対処しながら、やっと毎日をこなしていた。ある日「うらばす」に私が寄ると、ウイルス混入によって壊れたパソコンを野村さんが「なかなか直んないなぁ」と修理をしていたこともあった。

突然フランス人が入ってきて、早口のフランス語で何かを熱心に質問してくることもあった。二人は、ちょっと困った表情で、「ここは日本の漫画しか置いてません」というようなことを説明していた。二人は相変わらずフランス語が話せなかったし、勉強する時間もなかった。

先手必勝で総本山のオペラ座へ

日本人に漫画を貸しだすという単純なビジネスで、店の経費と二人分の生活費を捻出しなければならない。赤字を出したら帰国という緊張の毎日が続いた。ある時、店を閉めた夜十一時からカフェで一緒にご飯を食べた。

「なんか色々と困ったことが多くてさあ……」と語る彼は、どことなく疲れた表情をしていた。ルールを守らない人。夜十時を過ぎても帰らない人。騒がしい人たち。そういう人にどう伝えたらいいかと悩んでいるようだった。

それに、当時の彼は日本人コミュニティの中の新参者で、決して温かく受け入れられているわけではなかった。

「俺さ、遺産かなにかで経営してんじゃないかって日本人の間で噂されてるんだって。冗談じゃないよなあ。この前もさ、ぜんぜん知らない日本人が入ってきて『こんな店、ぜったい潰してやる!』って叫んでいったんだよ、突然だよ。びっくりしたなあ。なんであんなこと言われたんだろう」


それでもガムシャラな営業を続けているうちに、常連客は一人、二人と増えていった。客層はパリの日本人社会の縮図で、学生や駐在員、シェフやアーティスト、もちろん旅行者もいる。気づけば「うらばす」は軌道に乗っているようだった。一年が過ぎる頃には、店が潰れるという最大の心配は消えていた。しかし同時に野村さんの心には、新たな不安が生まれていた。漫画喫茶が儲かる、と考える他の日本人が、オペラ座エリアに対抗店を開いてしまったら……という懸念だ。バスティーユはなんだかんだ言っても中心地から離れている。オペラ座に二軒目ができれば、今のお客さんたちもそっちに流れていくのは自明のこと。結局はみんな漫画が読めればそれでいいのだから。

一点のシミのようだった不安は、いつの間にか彼の心にヒタヒタと浸水していった。自分が思いついて成功させた事業を誰かに奪われてたまるか。先手必勝あるのみ。

「自分たちがオペラ座近辺に引っ越してしまおう」と決意した。

それからはお店を抜け出して、オペラ座近辺を歩きまわり、物件広告を眺めた。しかし人気のエリアだけあって思うような物件は見つからない。漫画喫茶を開くにはかなり広いオープン・スペースが必要になるが、そういう物件はめったに市場に出てこない。ようやくこれはという物件広告を見つけ見学に行くと、家賃が高すぎるということが続いた。

そんなある日、その辺を歩いていた知り合いから「空き店舗の前を通りかかったよ」と電話があった。さっそく現場に行ってみると、ガラス張りの店舗に「貸します」の文字。書かれていた電話番号に電話し、内見を申し込んだ。そこは、オペラ通りから一本逸れた場所で、ピラミッド駅から歩いて二分。立地条件としては申し分ない。日本食レストランが立ち並ぶサンタンヌ通りからも程近いし、ジュンク堂書店からも三十秒。中に入ると、地下と地上階をあわせて二百五十平米という巨大な物件。バスティーユ店の三倍の大きさである。地上階には通りから見えるオープン・スペースがあり、その奥には事務所に使えそうな小部屋がある。地下に降りる階段の踊り場には小さな台所とトイレ。地下はいくつかの小さめのスペースに分かれていて、プライバシーが保てる居心地の良い空間が想像できた。

「家賃もだいぶ上がるけど、何とかなる。ここで勝負だ」

オペラ座移転にあたり考えたことは、今までよりも、もっと、もっとくつろげる場所にすること。それまでは漫画を読む人は椅子に座っていたが、オペラ座店では全て一人用のソファに変えた。さらにマッサージチェアやリクライニングチェアも導入。グループでゲームをしたい人用のゲーム室や、こたつに入って漫画が読める座敷コーナーという実験的なスペースも展開。これだけの広さがあれば、やりたいことは何でもできる。またネット環境を改善するために、パソコンを新しく入れ替え、無線インターネット回線を飛ばした。紅茶とコーヒーはセルフサービスで飲み放題。サービスを向上させ堂々とオペラ座界隈に乗り込みたい、という思いがこめられている。そしてバスティーユ店の開店から二年後、「うらばす」はオペラ地区に移転した。

ここがあって救われた

「うらばす」が引っ越す前に、私もバスティーユの狭くて暗いアパートから抜け出し、パリの西のはずれの十五区に、気持ちの良い部屋を見つけて住み始めた。当然「うらばす」への足は遠のき、野村さんに会う機会も自然に減っていった。

ある時、日本人用フリーペーパーを読んでいて、偶然に「うらばす」の移転を知った。だから、この引っ越しの顚末《てんまつ》は、後から聞いたものだ。

野村さんは、元気にしてるだろうか。

息も凍りそうな冬の夜、私は久しぶりに「うらばす」に寄ることにしてみた。

地下鉄のオペラ駅で降りる。地下から通りに上がると、目の前にキラキラと黄金色に輝くオペラ座が圧倒的な存在感で迫っている。威風堂々としていて美しい。こんなところに今のお店はあるのか、それでも「うらばす」という名前でいいのかな、などと思いながら歩く。真正面からのびる大通りは、昼も夜も観光客が歩きまわる賑やかな場所。そこから一本逸れた細い道に、夜遅くまで明かりが灯る店があった。外から見るとガランとした広いスペースにパソコンが数台置かれているだけなので、道行くパリジャンは何の店だかわからないかもしれない。それが今の「うらばす」だった。

誘蛾灯《ゆうがとう》に群がるように、日本人がここに集まる。ガラスのドアを押し開け、受付の人から時刻が刻印されたカードを受け取り、地下に降りる。そこには「ジャポン」が待っていた。Jポップが流れる店内で、日本語の活字の渦に取り巻かれ、誰もが自分の小宇宙に没頭している。ズラリと並ぶカラフルな漫画の背表紙に、ワクワクしている自分がいる。やっぱり「うらばす」は「うらばす」のままだった。

日本にいる人からみれば、何もパリに行ってまで漫画を読まなくてもいいんじゃないか、と思うだろう。そんな暇があるならフランス語の単語でも覚えれば、と苦言の一つも言いたくなるかもしれない。そういう人は、海外暮らしについて何も知らない人だと思う。私たちは日本人であることから逃れられないし、逃れる必要もない。海外に住む誰もが自分の中の小さな故郷を求めている。

久しぶりに会った野村さんは、以前よりずっと元気そうだった。店の奥の小さな事務室で熱いコーヒーを飲みながら、ひとしきり引っ越し話や近況を語りあった。昔の同級生に会ったような不思議な安堵感が流れていた。

「最近はどう、パリにはすっかり慣れた？」と聞くと、彼はこんな風に話した。

「パリねえ。パリって、やさしくないよね。〝優しく〟ないし、〝易しく〟ない。僕ら日本人にとっても、ビジネスにとっても。でも、それには理由があるんだよ。それはね、パリっていう空気。この街に世界各国から色んな人が夢を持ってやってくる。だからこの街には夢や欲望が渦巻いている。だから優しくない。でもその分、切磋《せっさ》琢磨《たくま》できる。でもそんなパリを僕は……たぶん、嫌いではないと思う」

たぶん、とつけてしまう気持ちが痛いほどわかるのは、私も彼と同じように異邦人としてパリで働いてきたからだった。他人の土俵で、知らないルールで、明日食べるパンのお金を稼ぐという容赦のない現実を前に、時たま「ああ、もう嫌だ。なんでこんなところに来たんだろう」と思うこともある。そういう時、パリって優しいなんて言えない。

パリの冬は長くて暗く、梁《はり》のある古い部屋は洞窟のようにヒンヤリしている。街に冷たい雨が降り注ぎ、電話する友達も思い出せない夜には、行き場を求めて街に踏み出したくなる。そういう時のために漫画喫茶は、今日も、明日も開いている。

「お客さんには、すごーく感謝されてる。なんか日本にいるみたいでほっとするって。ここがあって本当に良かった、ありがとうって。明日からまたがんばれます、って何人の人に言われたかわからないくらい。何日も続けて来る人もいるし。それでふっと来なくなって一年後くらいにフラッと来て『今こんなことしてます』って報告してくれたり。嬉しいよねえ。でも、いいことばっかりじゃないよ。オペラ地区にお店を開いてから、他の日本人事業者からこの界隈の人の流れが変わるとか、今までの慣習を壊すなとか言われてずいぶん叩かれた」

そういう彼はちょっと面白がっているみたいで、どこ吹く風という感じだった。相変わらずフランス語はあまりうまくないが、とくにハンデに感じていないらしい。オペラ地区に移って以来、さらにお客さんは増え、余裕が感じられる。いつかカフェで見た、暗い雰囲気はもうなかった。病気によってぺしゃんこになっていた自信は、大勢の日本人から「ありがとう」と言われることで、一つの形に再結晶された。そして、病が教えてくれた教訓は、やりたいことは、やれる時にやれ、ということだ。それは、後生大事にとっておくようなものではない。

人生最良の選択は彼女

最近、彼はパリ在住者向けのフリーペーパーの発行を始めたという。白黒で八ページの小さなフリーペーパーだが、週刊誌なのでかなり忙しい。

「子どもの頃、学級新聞ってあったでしょ。僕、悪ガキであれを作らせてもらえなかったの。それから、ああいうのを作りたいなあってずっと思ってて。今やっと作れた」

日に焼けたような顔と輝く瞳が夏休みの少年みたいだ。城と学級新聞を手にした彼は、次はどこに行くのだろう。

「どこだろうねえ。でも、フランスの国のシステムが辛い分、日本人の付け焼刃な知識や中途半端な努力じゃ何にもできない。でも、この厳しい国でビジネスができれば、他の国でもできるよね。俺はパリで終わるなんて考えてない。パリは利用できる街だから来た。これからはロンドン、ニューヨーク、東京とかでも仕事したい」

当面の目標としては、そのフリーペーパーをカラーにして記事を充実させていくつもりだという。そして、しばらく考えた後に「そうだ、妻をね、なおちゃんを、もっと、もっと幸せにしてあげたい」とちょっと恥ずかしそうに付け加えた。

「自分の人生で採った最良の選択は彼女を選んだことかな。俺は彼女が自分にすごい運気を持ってきてくれたんだと思ってる。俺はただチャレンジして、それを彼女に見てもらいたかったんだ。だから、ここまで来られたのかもしれない。これからは俺が彼女をもっと、もっと幸せにする」

照れながらも、はっきり言える彼はとてもカッコいいと思った。


そんな話をしてから、気づけばまた月日が経ち、私は今度は六区に引っ越した。アパートはセーヌ川を挟んでオペラ座とは目と鼻の先だ。ぐっと近くなったんだから「うらばす」に行ってみようかなと考えつつもグズグズしている間に、街で見る野村さんのフリーペーパーはカラーになっていた。彼はちゃんと前に進んでるんだなあと、私の背筋がちょっと伸びた。

ある日、久しぶりに「うらばす」をひょいと訪ねて「最近、どうしてる？」と聞いた。

彼は相変わらずエネルギッシュで、新しいファッション系のフリーペーパー創刊の準備をしているので、遊ぶ暇もないとのことだった。そして、そうそう、この間、息子が生まれたんだよと言った。

「おめでとう」

あの晩秋の夜から、確かに五年が経っている。二人とも、もうバスティーユの裏通りを歩くことはあまりない。

「なおちゃんに、ますます頭が上がらなくなったよ」と言う野村さんはとても嬉しそうだった。

「子どもができたのに、まだ自由にパリで雑誌作ったりさせてもらえるんだから。失敗してもいいからやりたいことをやれって言ってくれる。そうやってカッコつけさせてくれるんだから。ほんとに彼女はすごい。これは、もう、いやでも成功しないとなあって思ってる」

「そっかあ」

「うん、また俺、新しい目標できちゃったよ。今度は息子の前でカッコつけられるような、誇れるような親父になりたいんだ」

うんうん、と私は頷いた。

8区

―

小道で見つけた
オートクチュール工房

手仕事に
情熱を燃やす
女性テーラー

オペラ座前のオープンカフェ

約束の時間の少し前から、彼女はオペラ座の前に立っていたらしい。その日のオペラ座は何も公演がないようで、緩やかに広がる階段に、多くの観光客が腰をかけていた。空気が澄んだ五月の夕暮れは気持ちがよかった。私はたぶん彼女より先に来ていたのだが、考え事をしていた。オートクチュールのテーラーで働く職人さんとは、どんな人なのだろう。
「オートクチュール」と聞いて浮かんだイメージといえば、スポットライトを浴びてレッドカーペットを歩く女優。その一方で「テーラー」と聞いて浮かぶのは、街角に佇む古びた仕立て屋さん。その二つは太陽と月のように交わらず、結局私はオートクチュールの紳士服について無知としか言いようがなかった。

夕方の眩しい光の中で、ぴんとした姿勢で立っている女性を見つけた瞬間に、モザイクのようなイメージは、稲葉周子さんという生身の人に取って代わった。すらりとした細身の体に、貼り付くようなジーンズをはいていた。栗色のストレートの髪が、風に揺れている。涼しげな目を細めて、「こんにちは」とニッコリと笑った。

まだ春なのに何だか暑いですよね、などと言いながらカフェに入り、生ビールを注文した。ワイン大国のフランスでも、夏はみなプレッシオンと呼ばれる生ビールを飲む。仕事帰りに、黄金色のグラスを傾ける人々の嬉しそうな顔は、東京でもパリでも同じだ。

生ぬるいビールを手に、どこかギクシャクとした会話が始まった。どうしてパリに来たの、どこに住んでいるの、いつから、などなど。彼女は少し緊張しながらも、一生懸命に言葉を紡ごうとしていた。

「すみません、私、初めて会った人とはあんまり話せないんですよ。しゃべるのが苦手なんです。言葉で表現するのが苦手な分、子どもの頃からバレエとか絵とか、言葉じゃないもので表現するものを選んできたんです。口下手なので何を言っているのかわからなくなるんですね」

そこには、緊張と同時にふんわりとした優しさがあった。彼女に会った日がこんな青空の下のビールが似合う日でよかった。人は分厚いコートを着るような冬の日と、汗ばむ半袖の日ではぜんぜん違うことを話したりするものだ。

テーラーの世界

彼女は名古屋で生まれ、今二十九歳で、パリに来て三年目だと言う。マドレーヌ教会の近くのお店で働いていると教えてくれた。

「オートクチュールといっても、三人だけの小さなメゾンです。社長はセネガル人で、黒人です。後はフランス人の若い男の子が同僚で一人だけ。お店の名前は、社長の名前を取って『ダビッド』です。社長はとても良い人で、居心地の良い職場です」

私はへえ、と呟いた。周子さんを紹介してくれた友人から、オートクチュールというのは昔ながらの白人社会だと聞いていた。肌の色の違う三人が、小さな工房で働く場面を想像してみる。ある意味でとても、パリらしい風景だ。

日本に住む人が「パリ」を想う時、そこに浮かぶのはたぶん愛らしい街。雑誌から抜け出したようなパリジェンヌやベレー帽のおじいちゃんがカフェにいる。でも、実際にパリに住んでみれば、それがいかに偏ったイメージかわかる。パリの住民の多くが実は海外移民で、アフリカ、アラブそしてアジア人。インド人はサリーを身に巻きつけ、アフリカ人はカラフルなガウンみたいな服を着ている。彼らはフランスの表舞台にあまり出てこない。テレビでも雑誌でも映画でも見かけない。街にはこれだけ歩いているのに。私はいつも、そのことに違和感を持っていた。私自身も、パリの街では透明であれと言われている気がする。だから、周子さんが人種の混ざり合った職場にいると知って、シンプルに自然だなあと感じた。

三人が作るのは高級紳士服で、安いものでも三千五百ユーロ（当時レートで約四十七万円）。ほとんどミシンを使わない手作業なので、完成までにかかる時間は最短でも八週間。お客さんはお金に糸目をつけない富豪ばかり。

「高いんですね。でも全て手作業だったら、当然といえば当然ですよね。でも、手作業でスーツ作るなんて想像つかないです。めちゃくちゃ大変じゃないですか」

「はい、でも面白いですよ。オートクチュールってベースがないから、作るものがいつも違う。私はプレタポルテ（既製服）にはぜんぜん興味がないんです。あんなのサイズが違うだけ。面白くない。私は、細かい作業が大好きなんです。だから職人に向いていると思います。仕事中も集中していて全くしゃべらない」

　生真面目そうな割に、ゆっくりとした話し方。なんだか不思議な雰囲気の人だ。表情がクルクルと変わり、ハッキリとした物言いで強そうな時もあれば、ちょっと不安げだったり、ふと甘えん坊の少女のような顔になることもある。後から三姉妹の末っ子なのだと聞いて納得した。

「お店ではどんな作業を担当してるんですか」

「ほんと色々です。うちは職人が三人しかいないから、どうしても一人が担当する作業が多いんです。まだダビッドから色んなことを教わっているところです。同僚のアルノーもすごく優しくて、前に大きなメゾンで習ったことを色々教えてくれるんです」

話を聞いてみると、ダビッドという店はちょっと特殊なところらしかった。

一般的に見ると、紳士服テーラーの世界は男社会。男性主体のチームの中で、女性の職人はアシスタント的な仕事である下準備と仕上げを担当する。例えばボタンホールや内ポケット作成など。一方、男性が担当するのは、身ごろ、袖そして襟などのジャケットの主要なパーツ。彼らは給料も女性より高い。

そして作業は徹底した分業で進む。

採寸して形を決め、裁断を指揮し、型紙を作るカッター。身ごろを縫うアピエスール、パンタロン職人、ボタンホール職人などでチームは構成される。一つのスーツができあがるまでに数人、大きいメゾンだと三十人近い職人が関わることもある。

「うちのメゾンは三人だけなので、もう全部やらせてくれるんです。どの部分にでも触らせてくれる。大きなメゾンだったら、前身ごろだけで三年、芯だけで三年とか、次に行くまでにすごく時間がかかるんです。でも、ダビッドでは、私もベスト（ジャケット）を触らせてもらえる。最近、パンタロンは全部任されてます」

「よくそんな職場を見つけましたね。それに労働許可も取ってくれるなんてすごいですね」

「ラッキーですよね。実は、本当に偶然見つけたんですけどねえ」

私たちはビールのおかわりを頼むのも忘れて、しゃべり続けた。私は、彼女の話に引き込まれていった。ちっとも話し下手ではなかった。

細かい手仕事にかける情熱

もともと、何かを表現することが好きだった、と彼女は言った。

「おじいちゃんが画家なんです。その影響を受けて、実は私も高校生の頃まで画家を目指してました。高校も美術科がある学校に進みました。そこは、名古屋だったら誰でも知っている進学校で、入学した時は家族や親戚が大喜びしましたよぉ」

大きな高校だったが、美術科は一クラスだけ。一週間のうち十時間が美術に割り当てられ、デッサン、日本画、油絵、彫刻と一通り習得する。それは、普通の高校生活とはちょっと違う。少なくとも私の高校生活とは。あの頃、私は学校の帰りにどこに寄ろうかとか、隣の席は誰になるんだろう程度のことしか考えてなかった。同じ頃、彼女はすでに自分のやりたいことを知っていた。

私は彼女の高校生活をもっと知りたかったが、周子さんは先を急ぐように話し続けた。

「でも、大学では服飾を専考することにしたんです。おじいちゃんの苦労を見て、絵で食べていくのは大変だってわかって。それで東京の美大の服飾科に行くことにしました。それで、大学生の頃に『パリモードの舞台裏』というオートクチュールがテーマの展覧会を見に行ったんです。すごく細かいプリーツとかビーズ仕事とかを見て、これだって! わー、やりたい、こんな細かい仕事がしたいと思いました」

その夜、周子さんはレポート用紙に、こんな感想を書き付けた。

——それぞれの作品に命を吹き込むように、職人たちの愛情が深くこめられているのが伝わる。(中略)何百以上もの時間を仕事にかけることができるのは、作ることが好きだという一番重要なものが大きいからだと思う。それだけではできない世界だが、私はこの好きだという気持ちを見失いたくない。そして、いつかどんな些細《ささい》なことでもかまわないから、この場での仕事を体験してみたい——

展覧会のチケットには、まるで何かを暗示するが如く、「目が覚めるとフランスだった」との文字。

パリに行って職人になろう。

あっと言う間の決断は、その後もまったく揺らがなかった。いつか行けたらいいなという夢ではなく、絶対に行くという決意だった。

しかし、それは同時にナイーブな決意でもある。大学では、とにかく自由な発想で服をデザインすることが重視されていたため、彼女は職人として必要な技術を持っていなかった。

それに何より失業率の高いフランスで、伝統工芸のような分野で仕事が見つかるかはわからない。

問題はそれだけではない。そもそもオートクチュール産業自体が、風前の灯《ともしび》とも言われているのだ。プレタポルテ（既製服）が市場を席巻《せっけん》し、パリコレさえも段々とプレタポルテがメインに取って代わった。今では毎年のように、一流ブランドが経営悪化を理由にオートクチュール部門を閉鎖している状況。一着の製作に数ヶ月単位、そして数十万円、数百万円もかかる服をオーダーできる人間は、王族か大富豪か、女優くらいしかいない。そんな遠洋のタイタニックみたいなところを目指し、彼女は小さなオールで一途にボートを漕ぎ始めた。

二十七歳の誕生日までに

何をするにもまずは先立つものがなければ！

卒業後は、留学費用を貯めるために名古屋の実家に戻り、「パリに行って職人になるから」と家族に宣言した。

パリで技術を学べる学校を調べ、Académie Internationale de Coupe de Paris（ＡＩＣＰ）という服飾モデリストを養成する専門学校を見つけた。一八六〇年に創立され、現在では一流ブランドで働くプロが改めて勉強しにくるようなトップレベルの学校である。成績優秀者はモデリストの国家資格も貰える。モデリストとは、デザイナーの描いたデザインのパターンを起こし、見本を作るという高度な技術職である。

目標が定まった周子さんは、目隠しをされた競走馬のごとくガムシャラに働き始めた。昼間は雑誌社や不動産会社で受付や経理を担当し、夜と週末は専門技術を学ぼうと服飾関係のアルバイトをした。

「オーダーメードの婦人服のアトリエで働きました。ウエディングドレス、スーツ、オペラ歌手の公演用のドレス、それにオカマバーの衣装なんかも作りましたよ。アメリカ商品の卸問屋で縫製や検品をしてた時期もあります。厳しかったけど、スピードと手際《てぎわ》を覚えたから、入ってよかった」

その後、もっと割の良い仕事を求め、派遣社員として都市銀行でも働いた。制服に身を包み金融商品の説明をする周子さんを見て、針と糸で生計を立てようとしているなど、想像もつかぬことだった。暇があれば、個人的にも洋服の仕立てのオーダーを受け、さらに空いた時間にはテレフォンショッピングのオペレーターとして働いた。そうやって自分じゃないものになりながら、いつか自分になる日を想い続けた。

「あの頃、ほんとによく働いていました。仕事が忙しすぎて、疲労で空腹を通り越して、食べられないくらい。スポーツドリンクで栄養を摂って。固形のものは食べられなかったですね。喉を通らないというか」

しかしその努力をあざ笑うように、パリは年を追って遠ざかって行く。毎年ユーロ高が続き、大学を卒業した頃と比べると、学費も生活費も五十パーセント近く割高になっていた。いくら貯めても、やっぱり足りない。今年もまだ行けないと思うと焦りばかりが募った。そうやって何年も経つうちに、彼女は最終期限を決めた。

「二十七歳の誕生日までに日本を出ようと決めたんです。だって人間は三十歳までに変わらなければ、結局何にも変わらないいんじゃないかなって。二十七歳ならまだ三年間あるからパリで何かできる。もし出られなかったら、もう誰かと結婚しようと思ってました」

仕事の合間にフランス語の勉強も始めた。睡眠も食事もギリギリに抑えた生活の中で、当時の彼氏に会うのは、多くて三ヶ月に一度だったと言う。

「本当に一直線な性格なんですね」

私は感心を通り越して、少し呆《あき》れていた。こんなに全速力で疲れないのかな……。

ふと気がついて周りを見まわせば、だいぶ日が傾いていて、カフェは夕飯を食べ始める人たちで賑わっていた。私たちはといえば、話すことに夢中で、二時間かけて一杯のビールを飲み終えたばかりだった。また近いうちに会う約束をし、再びオペラ座の前で別れた。

帰りのメトロに揺られながら、彼女の話を思い返していた。食べる暇もなかったという話を聞いたせいか、唐突に彼女のためにご飯を作りたいと思いついた。彼女は、今でもちゃんとご飯を食べていないような気がした。

後日、電話をかけた。

「週末、よかったらうちにお昼ご飯を食べに来ませんか。簡単なものですけど、日本食でも作ろうかなと思って」

一瞬の間の後に「え……。そんな、いいんですか。すごく嬉しいです……」とかみ締めるような声が聞こえてきた。あ、喜んでくれているんだと思うと、私が嬉しかった。私は誰かのためにご飯を作ることが、好きだ。

徹底した節約生活

日曜日の午後、フランスのスーパーで売っている材料で、簡単な和食を用意した。彼女は我が家に着くと「これ持ってきました」と言いながら、カバンからハンカチで包まれたものを取り出す。コロンとメロンが出てきた。そうだ、かつて日本人は贈答品を風呂敷で包んできたなあと思い出した。

テーブルの上に並べられた食事を見て、周子さんは小さな喜びの声をあげた。

「日本食なんて久しぶり……。去年、日本に帰った時以来、あんまり食べてない」と、一年半ぶりに帰省した時の話を始めた。

「そうそう、社長のダビッドがね、『よく働いてくれているから、飛行機代は出してあげるから日本に行ってこい』と言ってくれたんです。久しぶりに家に帰れて、両親はすごい喜びましたね。何を喜んでたって、私の体重が十キロ増えたので、太ったねって。一人暮らししても、ちゃんと食べるっていうのがお母さんとの約束だったから」

今でもかなり痩せている彼女から、さらに十キロ少ないなんて。私の心を読むように、彼女は「あの頃はカリカリでした」と笑いながら話を続けた。

「家に帰ったらね、画家のおじいちゃんが亡くなってたんです。すごくショックでした。家に着くまで知らなかったんですよ。空港から家に向かう車の中でも、家族も何も言わなかったんです。家に着いたら、立派な仏壇と遺影があって、それで初めて亡くなったって知って。家族は心配かけないようにって言わなかったみたいです」

「へえ……」

肉親の死というような一大事を内緒にしているとは、少し不思議な感じがした。そのもやもやした違和感の正体は後でわかる。

「ああ、懐かしい。何だか家に帰った気分です。お母さんがいるみたいで、嬉しいです。お肉、食べてない～。野菜もあんまり食べてない～」

そう言って彼女は、一口ずつゆっくり味わうように食べ始めた。

「そんな。じゃあ、いつも家では何を食べているんですか？」

「そうですね、パスタとご飯の繰り返し。あんまり肉は買わないんですよ、高いじゃないですか。ハムとかは食べるんですけど。すごい節約生活ですよー。食費が一番削れるんですよね。外食なんか一ヶ月に一回も行かない。外食する時は、友達が引っ越しちゃうとか、誕生日とかそういう時だけ。お昼ごはんはお弁当です。前日にパスタとかを多めに作っておきます。それに、住んでる部屋が小さくて、ちゃんとした台所がないんです」

話を聞いてみれば、シンクと洗面台が兼用で、小さな部屋の片隅に一口コンロと冷蔵庫と電子レンジがあるだけ。コンロが一つということは、パスタを茹《ゆ》でながらソースを作ったり、ご飯とおかずを同時に作ることができない。不便な生活に思えるが、彼女はそのアパートがとても気に入っている。理由は大家のおじいちゃんだ。その後、彼女が「パリの家族」と呼ぶようになるその人と出会ったのは、パリに着いて九日目のことだ。

赤いベンツに乗って

大学を卒業して五年目、ついに目標額に近いお金が貯まった。足りない分は見かねた父親が支援してくれることになった。スーツケースには大量の裁縫道具と生活必需品、カバンには巨額の現金をつめ、パリに向かって出発した。決めていた通り、二十七歳の誕生日の前だった。

「飛行機の中で本当に嬉しくて。目標の前に出られたから」

しかし、そんな甘い気分も、シャルル・ド・ゴール空港から一歩出た瞬間に吹き飛ばされた。街はおりしもクリスマス。誰もが家族やカップルで幸せそうに歩いているのに、周子さんには話し相手もいない。寒い空の下、荷物をひきずって向かった先はユースホステル。家族に囲まれた温かな生活から、一変した。

とにかく学校が始まるまでの十日間で、アパートを見つけなければならない。安い物件から順に電話をかけ、たどたどしいフランス語で「部屋を探しています」と伝える。しかし、誰もが帰省や旅行中で留守だった。

年も押し迫る十二月三十日に、とても安い物件を発見し、電話をかけてみた。場所はパリ西側の十五区、エッフェル塔からも遠くない静かな住宅街。大きな公園が近くにあり、環境も治安も良いエリアである。待っていた大家さんは、八十歳のおじいさんだった。

「値段が値段なので、ぜんぜん期待してなかったんですけど実際に行ってみたら、部屋はきれいで二階だったし、学校まで歩いて十分で、すごく気に入りました」

パリでは、自分が気に入ったからといって、すぐに入居できるとは限らない。圧倒的な貸し手市場の街で、最初に敬遠されるのが外国人留学生である。言葉が不自由な上に、保証人が立てられず、無収入の留学生に部屋を貸すのは大家さん側にとって大博打《おおばくち》だ。しかし、おじいさんは、笑顔でゆっくりと言った。

「契約は一月一日からになるけど、明日から入居してもいいんだよ。荷物があるならホテルまで車で迎えに行ってあげよう」

翌日、彼は真っ赤なベンツでユースホステルに現れ、周子さんの大量の荷物を部屋に運び入れてくれた。

大家さんは同じ建物に住んでいるので、しょっちゅう顔を合わせる。

「初めはほとんど友達もいないじゃないですか。書類の書き方や事務手続きがわからない時にいつも聞きに行ってました」

若い時はクリスチャン・ディオールで働くカメラマンだったので、ファッションやアートへの造詣《ぞうけい》が深い。二人は会えば長い間話し続けた。

「料理が好きな人で、よくご飯食べにおいでと誘ってくれて。私が寂しいんじゃないかと心配してくれてるんですね。家族の食事会にも呼んでくれるんです。ご飯もおいしいんですよー。今では昔の奥さんや義理のお姉さん、息子さん、孫もみんな知ってます。昔の奥さんはデザイナーで、私にもすごく優しくしてくれて、読み終わったファッション雑誌を全部くれるんです。他にもインターン先を紹介してくれたり。もうフランスの家族ですね、大家さんは」

学校とカフェと家の毎日

フランスと日本のオートクチュールの決定的な違いは、服が持つ立体感にあるという。フランスの職人から見ると、日本のスーツは「ペッタリしている」と感じるらしい。人間の体は平面ではなく、しかも人によって全く違う形をしている。その一人一人にピタリと合った服を作り上げるのがオートクチュールの真骨頂。それは単なるサイズや生地の違いではない。その人がもっとも美しく見えるように裁断方法や芯地の厚さ、ポケットやダーツの位置など全てをカスタマイズする。その技術は世界屈指のものだ。

そんな職人の世界に入る登竜門として周子さんの選んだ学校が、ＡＩＣＰであった。

「でも入学して驚いたのは、学校中に日本人がいっぱいいたことでした。そして、日本人同士でいつも一緒にいて、日本語ばかりを話してるんですよ。二十代前半の若い子が多くて、何か話もあんまり合わなくて。それに私、つるむのは好きじゃないんですよ。フランス人や韓国人、中国人の子たちとは友達になりましたけど、日本人とはあんまり付き合わなかったですね」

彼女はパリでも、修行のような生活を変えることなく、家と学校、そしてカフェを往復して毎日を過ごした。

「学校でも若い子たちはフェット（パーティ）に行ったりするけれど、外に出るとお金がかかるじゃないですか、だから私は行きません！　フランス語はフランス人と話して、お金をかけずに覚えようと。カフェに行くと一杯のコーヒーで三時間くらい勉強しました。毎日行くからカフェの人とも知り合いになって。いつも『また勉強してるの、君は勉強しすぎだよ。少し休んだら』と言われてました。学校でも『あなたはがんばりすぎてる』って言われて。でも全ては自分のためじゃないですか。好きなことを勉強してるので苦にならないし、そのために今までがんばってきたので」

夏のバカンスのために働き、ご馳走をお腹いっぱい食べ、毎日を享楽的に過ごすことに目がないフランス人には、日本人的な「がんばり」は理解の範疇《はんちゅう》を超えているかもしれない。私でさえ、せっかくの学生時代なのだから、少しくらい遊んでも罰は当たらないと思う。自分が決めた道とはいえ、辛くなることはないのだろうか。

「そう、だから私すごいストレス持ちなんです。スランプな時期があるんですよ。その時はずどーんと落ちますね。なんでも自分を追い詰めちゃって。でも思っていることをうまく口に出せないんです。すごい溜め込んで、最後の最後で爆発して、ガンと落ちるんです」

「今でも落ち込むことがあるんですか」

「パリではスランプになったら死んじゃうので、自分を追い詰めないようにしています」

彼女の自嘲するような笑顔を見ながら、死ぬとはずいぶんと過激な言い方だなあ、と再び妙な感じを覚えた。

「実は……高校の時に、自律神経失調症で家から出られなくなったことがあるんです。やりたくて入った美術の高校だったんだけど、急に周りの目がすごく気になって。みんな優秀な人ばっかりなんだけど、私は競争とかすごい苦手で。いじめとかではないけど、何か周囲と合わなくて。誰にも言いたいことや、自分の気持ちを言えなくて。人生で初めてそういう時期がきて。ストレスで、過食と拒食を繰り返してるうちに、学校に行けなくなっちゃった。朝はとりあえず行くんですけど、教室に入れないんです。だから保健室に行って、寝て、すぐ帰っちゃうんです。自己嫌悪で、親にも言えなくて。お母さんが仕事から帰ってきたら、周子、なんで家にいるのってびっくりして」

彼女は淡々と話し続けた。二人とも箸を持つ手が止まっていた。私は、突然の話に驚きながらも同時にそうかあと納得していた。どこかでわかっていたような気がする。オペラ座で出会った時に感じた、薄いガラスみたいな繊細さ。

「精神科の病院に行って薬をもらって飲んでました。でも、逆に薬に頼るようになっちゃって。最終的には私、薬を一気に飲み干しました。その時は生きててもしょうがないって思って。でも、お母さんに『親より先に逝くのは親不孝』って言われて……。その後、初めて自分の気持ちを家族に話せたんです。そしたら『また辛くなったら家に帰ればいいよ』と言われて。それから徐々に学校に行けるようになったんです」

きっと周子さんの家族は、それ以来、ずっと彼女のことを心配し続けているに違いないと私は直感的に思った。今でも彼女にはそういった一種の脆《もろ》さのようなものが見え隠れしている。だから家族は、周子さんが好きだったおじいさんが亡くなったことを、自分たちの手で包み込んであげられる距離に来るまで言えなかったに違いない。それまで聞いた話が、パチリと一つずつのピースとしてはまった。

「大学時代も落ち込んで、もう限界だと思うことがありました。いつも誰かに言われたことを全部受け止めちゃって、落ち込んで、泣きながらお母さんに電話すると、その隣でお父さんがお母さんに『お前東京に行ってやれ』って。そしてお母さんが名古屋から来てくれて。そんなんだから、パリに行くと言ったら親は大反対。でも私の意志は固かったから最終的には『自分でお金を貯められたら行っていいよ』と言ってくれたんです」

食べるものも食べずに手にしたお金を抱きしめて、飛行機に乗る周子さんを見送る時、両親はどんな気持ちだっただろう。パリ・シンドロームという言葉があるくらい、元気で健康な日本人でも、パリの落とし穴にストンと落ちてしまうことがある。そうやって穴の底でもがく人に、何人も出会った。

しかし。どういう神の計らいなのか？

周子さんに、パリはとても優しかった。

「パリに来たら楽になりました。こっちの人は愛情をたっぷりかけてくれるので。フランス語がわからない時期もみんなクラスメイトが声をかけてくれて。もし辛かったら話しにおいで。一人で寂しかったらおいで。何を言っているのかよくわからなくても伝わってきますよね。じーんと来ます。友達じゃない、知らない他人がそういう風にしてくれるなんて、パリに来るまで知らなかった」

こんなこともあった。いくつかある卒業試験の最後のテストの時のことだ。それまでの実技試験は、一、二点足りず、ここで挽回《ばんかい》しなければもう卒業できないという正念場だった。試験は、デッサン画を見ながら、コットン布地で見本を縫い上げるというもの。

「私は作業が遅いんです。まずは身ごろで次は袖、襟とか、自分なりにプランを組んだのに、計画通りに進まない。綺麗に仕上げたいのに、時間がない。どうしよう、と思っているうちに、『はい終わり』という声が聞こえて。絶対最後まで仕上げなくちゃ、諦めたくないって思っているうちに涙が出てきて止まらなくなったんです」

人目も憚《はばか》らずに大泣きする周子さんを見かねて、今まで言葉を交わしたことがないフランス人たちが話しかけてきた。シュウコ、ここは裏側だから、こんなに綺麗に縫わなくてもいいんだよ。そうよ、試験なんだから見栄えがよければいいんだから。ここまでできるなんてすごいよ、自信持って。

「私はあんまりしゃべらないし、自分を出さないんだけど、フランス人ってよく観察していて、ちょっとした時に言葉をかけてくれるんです」

フランス人は、ラテン民族の末裔《まつえい》で、心の内に思いを秘めるとか、行間を読むなんてまどろっこしいことはしない。思ったことはスパッと口に出すし、人前で怒ることも、怒鳴ることも、そして愛していると言うこともためらわない。その生々しい感情のぶつかり合いに慣れない日本人は、時に居心地悪く感じることもある。しかし周子さんには、それは抱きしめられたように温かかった。

パリでなら生きていける。

「日本が嫌いなわけじゃないんですけど、自分が楽っていったらこっちなんですよね。パリでは思っていることを口に出しやすい。日本では、どうしてかわからないけど、言えないんです。言えないとまた私は落ち込むし、どん底に落ちる。フランスでは、みんな勝手に言いたいこと言って、怒っていても悪意がないから、その後はサッパリしてる。私にとってパリの魅力は自分が自然体でいられる人間関係です」

結局、最終試験は合格点には足りず、卒業はできたが国家資格を取得できなかった。そのために何年も色々なものを犠牲にしてきたのにとまたどんと落ち込んだが、幸い学校は補講と再試験を受ければ国家資格をくれると言う。「お金がないので補講期間を短くして」と懇願したところ、願いは聞き入れられた。通常の半分の補講を受け、再試験にも合格し、国家資格を取得した。その時、先生がとても喜んでくれた。

労働許可の壁を乗り越えて

ついに仕事を探す時がきた。ここが本当に職人になれるかどうかの分かれ道。失業率の高いパリで仕事を見つけるのは、フランス人にとっても楽ではなく、日本人にとってはその何十倍も難しい。

外国人が労働許可を取得するためには、本人ではなく雇用主の根気がためされる。高い失業率の中で「なぜあえて外国人を採るのか」ということを説明しなければならない。それを証明するためだけに、求人を職業案内所に出し、フランス人が応募してきたら試しに雇用し、二人を比較することまで求められる。その上で「やっぱり外国人を雇用したい」という結論になれば、初めて労働許可の申請ができる。申請が通ると今度は、高額の税金を納めなければならない。つまり、かかる時間も手間も経費もフランス人を雇用する場合よりはるかに多く、それだけのメリットがないと食指が動かないのが外国人の採用だ。

チャンスは、誰かが蹴ったサッカーボールのように転がってきた。

ある日、マドレーヌ教会の近くを歩いていて間違った道を曲がってしまった。キョロキョロしながら歩いていると、そこに一軒の紳士服テーラーがあった。

「紳士服か……」

ショーウインドーの中をのぞくと、中年の黒人男性が針を持って作業をしている。マネキンには、未完成のジャケットが着せられていて、そこには無数の白い糸が縫いつけられていた。

え、何これ。どうやって作っているんだろう。糸の量がハンパじゃない。

手の込んだ手仕事に目がない周子さんは、ガラスに貼り付くようにして夢中で作業を見つめていた。男性はそれに気づき、にっこりと笑って手招きをした。それが社長のダビッドだった。彼女はガラスのドアを押して、中に入っていった。

それまで紳士服には興味がなかったのに、とっさに「ここで研修させて欲しい」と頼んでいた。ダビッドはニコッと笑い、OK、じゃあテストしようと言った。出された課題は仕上げ作業で、一ミリくらいの細かい縫い目を指示された。紳士服は初めてなので、うまく進まない。何度かやり直すうちに何とか綺麗にしあげることができた。ダビッドは満足そうに頷き「悪くないね、合格だ」と告げた。

無給で始まった研修だが、その一ヶ月後には三百七十ユーロの給料をもらえるようになった。さらにその五ヶ月後には労働許可証の取得という最難関を突破し、正式に社員として普通の給料をもらえるようになった。ＡＩＣＰを卒業する無数の日本人の中で、労働許可を取得できたのはほんの数人だと聞く。

運が良かったといえばそれまでだが、目の前に転がるチャンスを見つけられるかどうかも、その人次第である。多くの職人を目指す日本人がダビッドの店の前を通ったかもしれないが、中に入っていったのは周子さんが初めてだった。そういうことだ。

小さな工房を訪ねて

ある夕方、ぶらりと「ダビッド」に寄ってみた。お店は大通りの喧騒から逸れた、静かな小道にあった。店内は、シックにセンスよく纏《まと》められている。天井の高い空間に、柔らかそうなアンティークの椅子や、大きなオーク材の机がどっしりと置かれ、雰囲気がいい。奥には布のサンプルがずらりと並んだ棚と、分厚いカーテンで仕切られた試着室がある。ダビッドは、恰幅がよく、笑顔で、明るいエネルギーに包まれた人だった。若い男の子に何かを教えていて、それが同僚のアルノーだろうと思った。

ダビッドは「アンシャンテ（はじめまして）、ようこそ。シュウコなら下のアトリエにいるよ、ゆっくりしていって」と声をかけてくれた。

店の奥の螺旋階段をおりると、工房があった。奥に細長い空間で、手前に周子さんの作業机、その奥に同僚のアルノーの机、さらに奥にはミシンが置かれた小さな部屋がある。机の上には重そうな鉄製のアイロンや、鋏《はさみ》や針山が雑然と置かれていた。

周子さんは一針ずつパンタロンを縫っていた。私を見ると、元気そうな笑顔を見せた。腰には美容師が使うような革のフォルスターを下げ、中には色々な形の鋏が入れられている。とてもかっこいい。

「これ、一見、鉄砲でも入ってそうですね。戦いに行くみたい」私は後ろから作業を覗き込む。

「みんな欲しいって言うんだけど、特注品なので売ってないですよ」とチラリとこっちを見るが、すぐに自分の作業に戻っていく。

静かな時間だった。

スパイスのような緊張感と柔らかい沈黙。衣擦《きぬず》れの気持ちのよい音だけが聞こえる。三人は肩を並べて一着のスーツを作る。それは、この世に一つしかない服。物が大量生産されては、ポイと捨てられるこの時代に、こうして特別な一着を作れる人はとても幸運だ。三人の真剣さを見ていると、そう思う。これが、オートクチュールなのだと、頭ではなく心で理解した。

「良い場所を見つけたなあって思ってます。ダビッドはいつも何か気になることがあったら言ってくれって言うんです。私、新しい人が来ると後ろに引いちゃうんです。するとダビッドがお前の方が先に来たんだから、お前はそこにいろって言ってくれる。ダビッドは技術だけじゃなくて、色んなことを教えてくれる。大きいメゾンだったらこうはいかなかったかなって思うんです」

しかし、全てが順調だったわけではない。実はいくつもの小さな波乱はあった。

「一時期ダビッドともよく喧嘩しました。彼もストレスが溜まっているんだと思います。一人でお店を経営していくのって大変。だからオーダーが溜まると早くやれ、早くやれって言われて。私は自分の最高の努力をしているのに、彼がもっとできる、もっとできるって言うんです。すごいストレスでした」

もう一つの問題は、周子さん以外の全ての人が、すぐに辞めてしまうことだった。今いるアルノーも、実は最近入ったばかり。

「今までに色んな人が来ましたよ。学校を出たばかりの若い子も、おじいさんみたいな堅物の職人さんも。でも新しく雇われた人たちはダビッドと合わなくてケンカして辞めちゃうんですよね。早い時は数日で」

ダビッドは個性的で物事をはっきり言うし、やり方を模索しながら自分流で店を経営している。付き合うのはフランス人にとっても楽ではないらしい。しかし周子さんにとっては、居心地が良いのだから、なんとも不思議な巡り合わせだ。誰にでも、その人の居場所はこの世のどこかにある。

仕事が終わる時間になったので、彼女は帰宅の準備を始めた。大小さまざまな鋏や針を手際よく袋の中に入れていく。全部で数キロはありそうなのに「毎日家に持って帰ります。そう、道具は大事です」と自分に確認するような口調で、大きなカバンにしまった。

帰り道にお茶でも飲もうと誘うと、この辺のカフェは知らないという。彼女は収入が増えた今も、贅沢も外食もしない。

「だから親に電話すると『ちゃんと遊んでるの？　なるべく外に出なさいね。そういう時はお金使ってもいいのよ』なんて言われるんですよ」

すごくわかる。硬い枝がポキリと折れて二度と戻らないように、いつか彼女の生真面目さこそが仇《あだ》にならないだろうか。あんまり無理しないようにね、と私もいらぬ老婆心が喉まで出かかる。

しかし、同時に思う。強さも弱さも彼女の一部で、同じコインの表と裏なのだと。全てをひっくるめて周子さんという人間を形作り、それは根本的に変わることがないように思う。たぶん、彼女はこのままでいいのだ。それに、何よりもパリという街が彼女を楽なほうに導いている。

「以前は後ろに引きこもって、動かなくて後悔してた。今はこっちに一人でいる分、だめもとで動いてみようって思うようになりました。パリに来て、私は確実に強くなっていると思います。もし日本にいたら……たぶんナアナアになってたと思う。こっちでは、起こること全てが自分に降りかかってくるので」

労働許可を取りたいと願う日本人が、周子さんにアドバイスを求めることがある。しかし、彼女が語れることはあまりない。

「こっちに来たら、何でも自分で探さないと何も見つからないと思います。人の真似して動いてもだめ。自分のやり方で動いてこそ、今があるのかなって」

彼女は清々《すがすが》しく言った。そう思う。

一瞬、一瞬ごとに現れる無数の分かれ道。

こっちに行こうと決めた時、自分が正しい選択をしたと信じるしかない。

「あの自己嫌悪と病気の日々がなかったら、ここにいなかったかもしれません。たぶん、あんなにがんばれなかったと思う。今はただ、私を支えてくれた家族、親戚、親友にありがとうって言いたい。パリで助けてくれた人たち、手を差し伸べてくれた人たちに、ありがとう。しゅうはパリにいるよって」

彼女は、元気に生きていくためにパリを選んだ。そしてパリは、見事にそれに応えた。しかし、それが誰にでも起こることとは限らない。それは、その人次第なのだと思う。

たぶん、これからパリはもっともっと彼女に優しくしてくれる。

私はそう願わずにいられない。

通りに鳴り響くアコーディオンの調べ、淹れたてのカフェオレの香り、時計のないバカンスのシャワーを体に浴びて、もっともっと楽になるといいと思う。

「ほら、ここに、カフェがありますよ」

私たちは、適当に初めてのカフェに入った。太陽の下のテラスに座り、二人ともビールを頼んだ。

11区

—

バスティーユ広場の
終わらない夜

ファッションの最先端で「一瞬」に生きるスタイリスト

参考にならないスタイリスト人生

私たち二人は、バスティーユ広場に近いガヤガヤしたカフェで、向かい合って座った。バーやカフェが建ち並ぶロケット通りに近い、お酒もご飯も出す居心地のいい店である。二人とも、レフという名の飴色のベルギービールを頼んだ。

この人と話してみたいと思ったのは、彼がスタイリストであるとか、パリコレで仕事しているとか、そういう理由ではなかった。初めて電話をした時に、「僕の人生なんか、誰の参考にもならない」と言ったからだ。参考になる人生、そんな見本品のような人生があるとしたら、そこにはあまり興味がなかった。だから、むしろ彼に会ってみたいと思った。彼は、「それじゃあ、一度自宅近くのバスティーユで会いましょう」と言った。

その待ち合わせに、彼はなかなか現れなかった。私は行きかう人々を眺めたり、携帯電話をいじくったりしながら待っていた。一時間も経つ頃には、確かに見本品ではないかも、とちょっとイジワルなことを考え始めていた。ところが、人込みの中にゼイゼイと息を切らせながら、辺りをグルグルと見回している彼を見つけたら、そんな気持ちはいっぺんに洗い流された。

「ほんっとに、ほんっとに、ごめんなさい」

背が高くヒョロリとした人で、モノトーンのシンプルな服を身につけ、大きなメガネをかけていた。

スタジオに忘れ物を取りに行っていたのだ、タクシーに乗ったら渋滞にはまっちゃって、最後は走ってきたのだと、早口の関西弁で言った。その話し方には、瞬時にして人同士の距離を縮めてしまうストレートさがあった。私は嬉しくなって、思わず、「ぜんぜん、大丈夫です！」と答え、若者で込み合うロケット通りを抜け、人気のカフェ、Café de l'Industrieに落ち着いたというわけだった。

彼はこの九年、フランスのファッション誌やパリコレを舞台に仕事をしている。彼は一口ビールを飲んで気分を落ち着けると、仕事で関わるフランスのファッション誌を見せてくれた。光沢のある誌面に、きつめの化粧の痩せた女性が肩口から鳥の生首をぶら下げて座っていた。非現実的で、妙に艶っぽい写真だった。彼は、モデルは生首に触るのを嫌がったと付け加えた。

「これは、どういう意図で撮った写真なんですか」

「うーん、別に大して意味ないです。コンセプトとか、別にない。写真一枚一枚をどれくらい強く撮れるかっていう試みでした」

はぐらかされているような気もするが、そんなものかもと納得する。ファッション誌には、たいていこの世のものとは思えぬスタイルの人々が、現実離れしたシチュエーションで写っているものだ。そういうこと自体がひとつのコンセプトなのかもしれない。

「それで、スタイリストって具体的には何をするんですか」と聞くと、彼は丁寧に説明してくれた。

スタイリストの仕事とは、端的に言えば、フォトグラファーや編集者と写真イメージをシェアし、撮影に必要な服や小道具を準備すること。イメージ作りの一環として、モデルのキャスティングや撮影現場のロケハンに関わることもある。撮影の当日は、ヘアメイクの人と連携しながら、イメージどおりに写真が撮れているかどうかをチェックする。イメージと異なれば、その場で服や小道具を交換したり、ヘアメイクの人と相談する。彼が関わる雑誌は、誰もが耳にしたことがあるような有名なものから、マニアックな感じのものまで色々だ。

それはいわゆる「カッコいい」仕事なわけなのだが、私はそういう世界と無縁な人生を歩んでいるので、いまひとつピンと来ない。そして、目の前にいる彼も、なんだか普通のTシャツ姿でノホホンとくつろいでいるので、「パリのファッションの最先端！」に関わる人には見えなかった。少なくとも私が想像する〝スタイリスト〟とは似ていなかった。

そうして、私たちはその日から、夜が永遠に続くと思われるほどたくさんの話をした。たいていは、酔っ払いで溢れるバーや、ピザの匂いが充満するレストランで、ビールを飲みながら。そして、その会話のほとんどが、深夜のラジオ番組のようにどうでもいい話だった。彼は、ほとんどノンストップで話し続けた。ほんとに、よくしゃべるよねえと私が感心すると、本人は、

「は？　僕、普段はぜんぜんしゃべんないすよ。シャイやから酒がないとしゃべれない。僕は、知っている人を道で見かけても、どうしよう、挨拶したほうがいいかなあと思っているうちに、結局声をかけなかったりする。そういう人間です！」

などと明るく言いながら、またビールをすばやく二人分頼む。水滴のついた大きなグラスが来るたびに、会話の輪郭がぼんやりと曖昧になり、最後は夜の闇に溶け出していく。そんな調子だから私は、会話の中身をほとんど覚えていない。

もちろん、中には鮮烈に記憶に刻まれていることもある。例えば、彼が真顔でこう言ったこと。

「人生で一番大切なことは、自分の好きだと思うことを守って、追い求めること。好きなも

の、そして好きな人も」

そうはっきり言い切れる彼は、私には情熱的で熱い男のように見える。でも、彼は自分のことを、「熱くなるのが大嫌いな人間」だと評する。そういう相反する二人の人間が同居するような、複雑な内面世界を持っている人だった。あまり表に出たくない、という彼の性格をリスペクトして、ここでは「メガネ」と呼ぶことにしたい。彼には、個性的な眼鏡がよく似合っていた。

兄貴ともう一人の冷静な自分

何気なく、パリに来たきっかけは何かと尋ねた。すると彼は、しばらく考えた後に、

「父と母は見合い結婚で、三歳上の兄が一人います」

と、先生に当てられた小学生のようにシッカリと答えた。予想しない答えに戸惑っていると、彼はちょっと不機嫌になって「家族構成って大事じゃないですか」と言いながら、兵庫県に生まれてから大人になるまでの話を始めた。それは長編映画のようだったので、私たちは途中でパスタを頼み、それを食べ終わり、さらにビールを飲み、トイレに行き、さらにビールを飲んだ。ここで全ては書けないが、唯一言えることは、兄がメガネの「熱くならない性格」とファッションへの興味を形成したことだ。

小学校六年生の時に兄が買ってきた雑誌を見て、「なんだかカッコいい！」と衝撃を受けた。それからは毎月お小遣いを握りしめ、本屋に走った。田舎なので売っている雑誌は限られている。興味があったのはティーン雑誌ではなく、あくまでも大人が読むメンズ誌。やっと選んだ一冊を持って家に帰ると、飽きることなく眺め続けたという。

兄貴の存在は別の意味でも大きかった。

「兄貴はチンピラですよ。兄貴の学年は小学生でも悪い人ばっかりで、もうひどくて、授業中みんな後ろ向いて将棋してるんすよ、ポーン、ポーンって。先生にやめなさいって言われると、将棋盤を持ち上げて、膝でバキーッて折って、うるせーって言い返す。そういう奴らに囲まれて、兄貴はさらに一匹狼ですごい悪さをしてた。子ども心に、こいつアホやなって思ってたんだけど、兄貴は成長期が早くて、えらいデカかった。僕は体が小さくて、三十センチの身長差があったから、手で頭を押さえられたら、もう僕の手が兄貴に届かない。ケンカになると投げ飛ばされて、足で顔を踏まれたりして。もう悔しいですよ。こんな勉強もできんアホなやつに、なんで体の差だけで負けけんねんって思って」

兄の存在は、メガネの中学校生活にも影を落とした。中学校の入学式で校庭に並んでいると、先生がズカズカと近づいてきて「おまえ！　はみでとるやろうが！」と頭ごなしに怒鳴りつけた。

「え、何がですか？」彼はキッチリと列に並んでいたので、訳がわからなかった。

「よく見ろ！　はみでとるやろうが、ええ！」と先生は取り付くシマもなく大声で怒鳴り続ける。実は先生は兄の担任で、メガネは「あの兄貴の弟」というだけで目をつけられ、怒鳴られたのだ。

それに気づいたメガネは、世の中の理不尽さをヒシヒシと感じた。

「そんなんだから、すっかりひねくれてしまったんですよ、常にどこか冷めた視点で見てるんですよ。例えば、僕はマラソン大会でずっと一番だったんですけど、クラスの中に、『今年はお前には絶対負けんからな！』とか言ってくるヤツがいる。すると『こいつ、何熱くなってるんや、くだらん、アホやな。そんなこと人前で言って、恥ずかしくないんか』と内心思ってた」

世の中を冷めた目で眺めるようになった中学生は、いつの間にか好きなものを好きと素直に言えない少年になってしまった。

「スポーツが大好きだったんですけど、スポーツなんかできても何も役に立たないって思ってたんですよ。プロになれる選手って限られてるし。悟っちゃったんですよ、社会に出たら、プロじゃない限り役に立たないって。ちょっと上手でイキがったところで、何の足しにもならないって」

好きなことを諦めた

このパリで、九年もスタイリストの仕事をしているんだから、よっぽど水が合ってるんですね、と私は大して考えもせずに言った。

彼はゴクゴクとビールを流し込んだ後、「そんなん、考えたこともないっす」とキョトンとした顔になった。

「合ってるかどうかなんて、関係ないんじゃないすか？　何でも続けてみないとわからないじゃないですか。いや、明らかに計算が苦手な人が経理の仕事に就くとかは無理かもしれないけど。でも、たまにいるじゃないすか、ライターになりたいとか言ってちょっと文章とか書いただけで、俺ってセンスねえ、とか言うやつ。いくら才能があっても、ある程度続けてみないとわからないのに。やめたら何でもそこで終わりなんですよ。逆に才能がなくても、続ければ形になってくるし。ある程度続けないと、何にも見えてこない」

確かにその通りなのだと思いながら、頷いた。

彼が好きなことを諦めずに続けようと決めているのには、訳がある。高校生の頃のことだ。

中学生時代にバレーボールを始め、県大会でもかなりいいところまで行ったというメガネ。体は小さくバレー向きではなかったが、運動神経はとても良く、何よりもバレーが好きだった。しかし、高校ではバレー部には入らなかった。顧問の先生の方針とは合わなそうだったからだ。ところが、夏休みも終わった頃、目の前にバレー部の顧問の先生が仁王立ちになり「おまえ、部に入って来い」と言った。メガネの中学時代の活躍を知り、力ずくで入部させようとしていたのだ。メガネも心のどこかでやっぱりバレーをしたくてウズウズしていたので、外見は渋々、内心はちょっとウキウキと入部した。すると、そこには、体育会系の正しい横暴さが溢れていた。

「おいメガネ、こら、足もめや！」先輩たちが威張《いば》りちらす。

「僕の細い腕でそんな太いふくらはぎもめませんよ！」メガネはすかさず言い返した。

こんな風に、はっきりものを言う生意気な後輩だったので、先輩たちにはあまり可愛がられない。部内では、後輩は人間扱いされず、「おい、10番！ こっち来いよ」などと背番号で呼ばれることもしばしば。さらには、メガネにはレギュラーの実力があったのに、後から入部したという理由だけで補欠扱い。そういう全てを、メガネは白々とバカにしていた。

ある練習試合の後に他の部員から、「お前のトス回しが悪い！」と言われ、メガネの溜まりに溜まった不満が大爆発した。

「お前らみたいなのとバレーボールできん！ 話にならん。トス回しもクソもない。お前ら、基本もなってないのに、何ほざいとるんじゃ！」

捨て台詞《ぜりふ》を言い放って、そのまま退部。入部してからたった三ヶ月のことだ。しかし、その後。

「もぉのすごく後悔しました。だって、好きだったことが、もうできなくなるんですから。それも、バレーとは関係ない理由でやめちゃったんですよ。方針が合わないとか、アイツとはやりたくないとか。それっておかしな話だって、今は思います。だって、そんなんバレーとは関係ないんだから。あの時、本当に後悔したから、今は好きなことは諦めたくない。一回始めたら、とにかくしばらく続けようと思うようになった。好きなら、関係ない理由や他人のせいにしちゃだめです」

だから、メガネは今もパリにいるのだった。

やっぱり服が好きだった

しかしメガネは、初めからスタイリストになることを決意してパリに来たわけではなかった。人生の分かれ道で出現する道しるべをデタラメに辿《たど》ってきたら、偶然にパリに流れ着いた。

第一の分かれ道は、大学でフランス語科に入学したことである。

「フランス語科に進んだのはどうして？」

「高校三年の時、進路がなかなか決まんなかったんですよ。その時、彼女がいて、一緒に勉強しよって言われて。まあ、一緒にいたいから図書館とかに行くんですけど、横に、だ〜い好きな人がいるんですよ。頭に入るわけないじゃないですか。勉強なんかやってるふりだけ。わかるでしょ？　あ、女の人にはわからんか。もう、ムラムラくるんですよ。頭は違うことばっかですよ。スケベなことしか頭になくて、しょっちゅう、休憩しよっかって言ってました」

受験勉強に身が入らないメガネは、十一月になっても志望校が決まらなかった。しかし、兄を反面教師にして生きていたので、勉強は人並みにできた。先生に推薦で青山学院に行かせて欲しいと頼んだら、ダメだと一蹴された。

「推薦は、一般受験で行けないやつのためにあるものだ。お前は行けるから受験しろ」

じゃあ、なんで俺は今まで学校の勉強をしてきたのかと、受験自体が馬鹿らしくなり、服飾の専門学校に進むことにした。もともと服が好きだったので、それは素晴らしいアイディアに思えた。ところが、両親も先生も頭ごなしに猛反対。殺し文句は「最終学歴が兄貴と一緒でいいの？」。

それでも首を縦に振らないメガネを説得するために、今度は兄が刺客として送り込まれた。

「お前、ちょっとここに座れや。正座せい、こら！　おい、お前、大学行かんらしいなあ」

怒鳴られるのかと思っていたら、珍しくシリアスに切り出した。

「そんなに服をやりたいんやったら、大学卒業してやったらええ。とりあえずお前は大学行け、なあ頼むわ」

メガネは再びやりたかったことを諦めた。もともと大学に対して大した希望もなかったので、「考古学でもやるかな、それとも芸術もいいかも。いやいや、フランス語でもやるか」という感じで、京都にある私立大学のフランス語学科に入学した。

お前なんか日本にいてもしゃあない

一人暮らしを始め、大学に入ったはいいが、ちっとも友達ができなかった。サークルに入ろうとしても、会費が五千円だと言われただけで、頭に来て入会をやめてしまう。その頃、何かを強制されることをとことん嫌悪した。一見冷めたように見えて、人とは違う激しさが彼の中に渦巻いていた。

そんな調子で学校にもロクに行かない日が続き、ある時生まれて初めて行ったパチンコ屋でめくるめく大フィーバーを体験。それから一日のほとんどをパチンコ屋で過ごす。

「たった五百円が三万円になるんすよ！　すごくないですか？　え、やったことないの？　あのね、遊んでるように思うでしょ。違う、違う。あそこに何時間もいるの、けっこう重労働なんすよ」

儲けたお金は、一人暮らしの生活費に充てた。私が、「それってすごいパチンコが上手だってことだよね」と言うと彼はしばらく得意げにパチンコ極意の話を続けたが、私はそれを遮って質問を続けた。

「それで、パチンコ以外には、何をしてたの？」

「お金なかったから、ひたすらバイト。アルバイトの職種の数はだれよりも多い！」と胸を張った。「美術品の搬入、パンを作る、金持ちの庭の掃除、半導体工場、カップラーメンの検品、封筒の仕分け、引っ越し屋、コンビニでしょ……」

バイトで貯めたお金を持って、よくセレクトショップ巡りに出かけた。ある日、京都の北山にあるショップに帽子を買いに行った。一回り年上のオーナーは、多くのファッション関係者とも交流を持ち、かつてイタリアに住んだこともあるという。二人はすっかり意気投合し、オーナーはメガネに「良かったらここでバイトしない？」と誘ってきた。

「ええ、いいんすか？」初めてのファッション関係の仕事に、メガネは舞い上がった。

「明日から来てよ」

おしゃれをして喜び勇んで翌日の夕方に出勤すると、オーナーは一言。

「メガネごめん！　突然だけど、この店閉めることになった」

じゃあ、なんで俺を雇ったんや！　と唖然《あぜん》とするメガネに、オーナーは「もう引っ越し屋に電話したから、あと色々よろしく！」と言い残し、どこかに消えた。メガネは、必死で引っ越しの準備をし、店を無事にクローズすることができた。

そんな出会いだったが、二人はなぜかウマが合い、閉店後も交友が続いた。オーナーは巨額の借金を抱えていて、月二万の隙間風がピューピュー吹くボロい部屋に住んでいて、メガネはよくそこに遊びに行った。

「行くと、しょっちゅうお金貸してって頼まれて。一応貸すんだけど、こっちも貧乏なんで、貸したお金返してくださいって言うと、次は電話を無視するんです。ま、そういう関係でした」

「そのオーナーもすごく適当な人だね」

私は呆れながら、相槌《あいづち》を打った。

「そう。でもね、彼は僕に基本的なことを教えてくれたんです。ファッションの基本。よく怒られたなあ。友達が結婚する時に、シャツを借りに行ったら、お前はその年になってスーツもシャツも持ってないって、一体どういうことか、アホ！　ちゃんとしたシャツくらい持っておけ！　くだらんTシャツに一万円とか払うなって怒られた。自分は二万円の部屋にいるくせに、人にはスーツ買えって。そういう人でした」

そのオーナーが、メガネのその後の人生を変えてしまったのだから、面白い。

卒業が近づいたある日、メガネは「そろそろ就職活動なんすよ、どうしましょうかねえ」と相談した。するとオーナーはこうバッサリと言い切った。

「アホか。お前みたいな人間は日本にいてもしゃあないよ。絶対ものにならん。一度日本、出てこい。イタリア行け」

それまで、海外旅行に行ったこともなかったが、あっさり、じゃあ、イタリアに住もうと思ったらしい。さっそく家に帰って、父親に卒業したらイタリアに行くと話した。すると父は、怒鳴った。

「はあ？　なんでイタリアやねん！　フランス語科を出てんのに、イタリアってどういうことや！」

別にイタリアに小指の爪ほどの愛着もないメガネが、「じゃあ、フランスにするわ」と慌てて乗り換えると、父親は深くウンウンと頷き「フランスなら、わかるわー。行ってこい」。

かくして、メガネはパリにやってきた。最初は、一年後には日本に帰って就職しようと思っていたそうで、九年後もまだパリにいるなんてもちろん想像もつくわけがない。

ただ楽しむための一年間

「それが、初めての海外なんだよね？　緊張した？」と私は聞いた。

「ぜーんぜん」

「パリの第一印象は？　どう思った」

「ええと、そうだ、交通事故が多い街かなって思った！　だって着いたら二件、立て続けに見たんですよ、ばしゃーん、ばしゃーんって」

全くどうでもいい印象である。それにしても、パリに恋焦がれて何年も準備をして、やっとの思いでここに来る人もいる。かと思えば、彼のように大股でヒョイと国境を跨《また》いでしまう人もいる。彼の身軽さは、たぶん「自称・熱くならない性格」と関係しているのかもしれない。物事をちょっと遠くから見ているので、何事も「別に大したことじゃない」と気軽に動けるのかなと思う。

「なるほど。それで、フランスでやりたかったことは何だったの？」

「とりあえず、日本人の友達欲しかったんですよ」

「え、そうなの？　せっかくパリに来てまで、なんで日本人？」

「そりゃ、そうじゃないですか！　だって一年で帰るんですよ。フランス人と友達になってもしょうがないじゃないですか〜」

納得できるような、できないような。私が曖昧に頷くと、彼は、「だから周りの友達はみんな日本人ばっかり。あの頃知っている友達には、ほんとにお前は学校にも行ってなかったし、フランス語もしゃべれなかったよなあって言われてますよ」と気負いなく話し続けた。

「フランス語しゃべれなかったの？　フランス語科卒業なのに？」

「あのね、僕はêtre（be動詞）とavoir（「持つ」という動詞）の活用形しか知らなかった男ですよ」とちょっと自慢げ。

「あ、そうか大学ではバイトとパチンコばっかりだったのか。じゃあ、せっかくだからパリではフランス語勉強すればよかったのに。学校も行かず、何をしてたの？」

「まあ、バイトしたり買い物したりとか」

「じゃあ、一年間本当に楽しく遊ぶつもりで来たんだ」と私が笑いながら言うと、彼は、真面目な顔で、そうそうと頷いた。

しかし、その楽しく遊ぶだけの青写真は、すぐに不思議な方向に狂い始める。図らずもパリはファッションの聖地で、ファッション業界で働く人で溢れていたからだ。メガネは忘れていた想いをパリで取り戻し始めた。


お前の力でやってみろ！

パリに住み始めて三ヶ月目、メガネは一つ年上の日本人デザイナーに出会った。

「すごいデザイナーで、ファッション関係のありとあらゆる賞を総なめにした男なんですよ。人を寄せ付けない感じだったんだけど、なぜか俺とは気が合って。俺は彼の家にずうっと入り浸ってた。それで、彼が色んなことを教えてくれた。古着に関する知識とか服の作り方とかデザインとか」

その人は、今や自分のブランドを持ち第一線で活躍するデザイナーだそうだ。彼の服は一見どうということもないのに、街で着ていると「それ、どこで買ったの？」と聞かれるような服だという。「ふうん、彼ってどんな人？」と私が聞くと、メガネはちょっと考えて一言、「とりあえずやってみる、ということを教えてくれた人」と答えた。

そのデザイナーの家に入り浸るようになって半年後、メガネは日本人のファッション・フォトグラファーと知り合った。メガネが彼の作品写真を興味津々で見ていると「今度、作品撮りの撮影を手伝いに来ない？」と誘われた。へー、面白そうとメガネはノコノコ出かけて行った。

「その時のこと僕はぜんぜん覚えてないんだけども、僕が撮影中に『こうしたら、もっといいスタイルになる』とか言って、がんばって何かをやってたらしいんですよ」

らしい、とつけたのはその時のことをメガネは覚えていないからだ。それは、後からその写真家に聞いた話だ。

「それでフォトグラファーが、こいつもしかしたらスタイリストにいいかもと思ったらしくて、次の撮影ではスタイリストやってよ、と頼まれたんです」

つまり、撮影で使う洋服や小道具を、メガネのセンスと能力で調達してきて欲しいという依頼だ。それは、彼がスタイリストとしての一歩を踏み出すための最初の関門だった。メガネは、面白そうだからトライしてみることにした。そこで、メガネの取った行動といえば、例のデザイナーの家に走っていき、「ねえ、ねえ、服貸して！」と頼むこと。メガネの話を一通り聞いた彼は、こう言った。

「話はわかった。でもな、まずは、お前がやりたいことを、誰の力も借りずに表現してみたらどう？　とりあえずは自分でやってみなよ」

それは、少し冷たい言葉にも聞こえるが、長い目で見ればむしろ温かい助言だった。メガネは、そうだ、その通りだと奮起した。すぐに自宅に帰ると、自分のクロゼットを開け、そこにある服を吟味した。

「自分の服の襟切ったりして、なんやかんや組み立てて。作ったんですよ、わっけのわからんもんを。今考えるとヒドイもんですけどね。でも、あの時、プレスで服を借りられるとか、そういう基本を何にも知らないですから」

その「わけのわからんもの」で撮影はうまくいき、その後も同じフォトグラファーに作品撮りのスタイリングや仕事を依頼されるようになる。自分の服だけでは限界があるので、蚤《のみ》の市で古着を買ってきて、何とか撮影に間に合わせた。気づけば、メガネの手元には、次々と作品写真が溜まっていった。それは、かなりワクワクする毎日だったと言う。

プロへの長い道

そもそも、メガネは物に対するこだわりは強かった。子どもの頃、母親が選んだ服が気に入らないと、それを勝手に脱ぎ捨て、他の服を探すために箪笥《たんす》によじ登り、下敷きになったこともあった。

「僕は思っていることと違うと、もう許せないんすよ。ハタから見ると、どおってもいいことなんですけどね！　例えば、大学の時はめっちゃ貧乏だったから、よくラーメン作ったんですけど、茹ですぎたと思ったら、もう食べないで捨ててましたからね。思ったとおりじゃないからですよ。後からお腹すいてめっちゃ後悔したけど」

好きなものがハッキリしている。それは、彼がパリでスタイリストになることをグイと後押ししてくれた貴重な資質だった。パリに来て九ヶ月目、ある日本人の女性スタイリストがアシスタントを探しているという話を聞き、メガネは自らアポを取り、面接を受けた。そこで、彼はそれまで撮りためてきた作品写真集（ブック）を見せた。

「へえ、もうブック持ってんの？　そんな子初めて」

　彼女は、ちょっと驚きながらページをめくった。

「あんたって、好きなものは、はっきりしてるのね。自分のやりたいことはっきり持ってんのね。私とはぜんぜん違うけど、ぜんぜん違う人の仕事を手伝えば、学ぶことは大きいし、仕事の幅は広がるから、まあ、やってみたら」

　そうして、メガネはパリのファッション界の末席にすっと潜り込み、スタイリストの「いろは」を覚えていった。それは、服が無事に到着するまでの果てしないバトルなのだそうだ。

まず、色々なコレクションや展示会、プレスデーに足を運んで、これだという服に目をつけておく。雑誌の撮影コンセプトが決まると、各ブランドが出すプレスブックから候補の服（ルック）を選び、各プレスセンターに連絡して、借りる交渉をする。簡単に聞こえるが、その水面下の競争はかなり激しい。

　一個しか貸し出し用のサンプルがないアイテムもあるし、ブランドによっては、サンプルがロンドンやニューヨークにある。取り寄せとなると、費用も時間も手間も倍増するので、その辺のバランスを見極めながら、どの服をオーダーするのかを決定する。期日どおりに服が届かなければ撮影ができない。つまり、センスだけではなく交渉力や事務処理能力も求められる。

「一番大変なのは、もうコンファームしたのに、もっと力のある雑誌に横から〝ルック〟を持っていかれる時。腹立つけど『我々にとってもっと重要なクライアントからのリクエストだから』と言われると、もう言い返せない。最初から、やり直し」

そうやってスタイリストとしての一歩を踏み出したメガネだが、三ヶ月後にはあっさりクビになってしまったという。

「そんなあ、ショックですね！」と私が言うと、

「あのね、もうわかってました。あ、これは無理だなって。雰囲気で！　そろそろ、言われるかなあって」

それは、ちょっと反省するような、照れたような、茶目っ気のある言い方だった。

「どうしてクビになっちゃったの？」

「フランス語しゃべれなさすぎて。だから、自分から『やっぱりダメなんですよね、迷惑かけてすいませんでした！』って言いましたよ」

確かに交渉や確認など、語学力がモノを言う場面は多そうだ。

しかし、クビになって数ヶ月後、彼女の方から再び電話があった。

「最近どうしてる？　お茶しようよ」

どうして彼女がメガネに電話したのかはわからないという。たぶん、彼には、何か世話を

焼きたくなるようなある種の愛嬌があるのだと思う。熱くなるのが嫌だと言いながらも、一生懸命で真っ直ぐだから、手を貸したくなる。

二人はマレ地区のカフェに入った。その時、メガネがコーヒーを頼んだフランス語がそれなりにサマになっていたらしく、彼女は「今ならいけるかもと」と思ったらしい。確かに、その頃メガネはフランス人のルームメイトと同居していて、少しはフランス語が話せるようになっていた。かくして、メガネは再び彼女の仕事の助手になる。

アシスタントといっても、仕事は不定期だ。彼は空き時間を利用して、他のスタイリストやカメラマンの手伝いも始めた。気がつけば、あちこちの撮影に呼ばれるようになり、かなり多忙になっていた。周りにいる人々も、デザイナーやファッション・エディター、写真家、モデルといわゆる「モード関係」の人間ばかり。そこから、物事はどんどん前に転がり始めた。いつの間にか、彼自身も周囲からは〝フリーランスのスタイリスト〟と見られるようになっていた。

「何ヶ月くらいそんな生活をしてたんですか？」

「何ヶ月じゃない、何年ですよ」

「何年！　それで、日本に帰るのはやめちゃったんですか」

「そう、いつの間にか、このまま日本に帰るのもなんかなあ、と思うようになって。こういう生活も面白いなあって」

あの一瞬のためだけに

その何年もの生活の中で、はっきりと「スタイリストを目指そう」と決心した瞬間はあったのだろうか。

「考えたことないっす。スタイリストになろうとか、そんな風に考えたことない。気づけばそうなってました」

目の前にあることを楽しむことで、彼の人生は前に進んでいった。

そうして気づけば、彼は三十歳になっていた。大学を卒業して以来ずっとパリにいるので、「僕は社会に出たことがない」と彼はよく言った。厳密に言えば、日本の会社に勤めたことがないという意味だ。

その生活は、波に揺られるように不安定だ。毎月給料があるわけでもなく、経費がかかりすぎて、自分の持ち出しになってしまうこともある。友人の撮影を心意気で手伝い、全くお金が貰えないことも一度や二度ではない。だから家賃をよく滞納してしまう。今まで最長五ヶ月も滞納した。

そんな彼にも、二年前からアシスタントがいて、パリコレの仕事もしている。アシスタントとご飯を食べに行けばちゃんとご馳走する。

「コレクションの場合は、もう服は決まってるので、モデルのキャスティングが大事。その服がいくら良くても、モデルに似合わないとね。モデルの順番を決めて、うまく流れていくかを見る。ショーなんで、うまく流れなかったら意味ないじゃないですか。デザイナーのやりたいことと、その作品を理解した上で、横から意見を言うのがスタイリストの仕事かな」

パリコレという、多くの人にとって憧れの舞台の話をしているのだが、私は相変わらず何かがピンと来なかった。路地裏のやかましい店で、深夜にピザをつまんでいるからかもしれない。それに、彼は仕事の話をする時に、いかにもどうでもいい、という感じでぶっきらぼうに話す。だから、彼がこの仕事にどれほどの情熱を持っているかは、あまり見えない。

しかし、ある時彼はふと思いついたように、こう言った。

「やっている時は楽しいですよ。楽しいって言っても、一瞬だけなんですけどね」

「どんな一瞬？」

「フォトグラファーの撮影を後ろから見てて、あ、今いいものが撮れてるっていう時。それだけです。あの一瞬を味わうためだけにやってるんです」

そういうと彼は、なんとも満足そうな顔をした。

「自分の想像通りのものができる時。それか、想像を超えたものが撮れた時、もう感動するんです。ただ、それが見たいだけでやってる。でもそれ以外の時は楽しくもなんともないよ。服を頼んでる時なんか、もう地獄！」

向いているかどうかなど構わずに、ただひたすらに続けてきた。それを情熱といわずになんと呼ぶのか。その続けてきたという事実だけで、充分なのかもしれない。

未来を恐れず生きる

「スタイリストになるのに、一番重要なことって何？」

「フットワークが軽いことかな。ま、僕は重いんですけど。要するにファッション業界は人と人とのつながりが重要なんですよ」

「メガネって、そういうの苦手そうじゃない？」

「パーティに行けとか言われるんだけど、できないんですよ。人に会うのは苦手。だから、最近は英語を習いたいんです。どうしてもフランス語になると負けちゃうんですよ。子どもと大人みたいな会話になっちゃう。でも僕、子どもじゃないんで。だから、もう英語で返していきたいんです。『もう、ええやろう！　そんなくだらんこと、ぐだぐだ言うな！』って。それって英語で何て言うんですか？　そうだ、今度は英語を教えてくださいよ！」

「ははは、なるほど！　いいよ」

「自分のこと嫌いです。欠点ばっかり。例えば、フットワーク重いのも、わかってて直せないんですよ。今日はこれとこれをやろうと決めて紙にも書いておいても、いざとなると明日でいいやと思う」

「あるよ、そういうこと。そんなの普通じゃない？　メガネって自分に厳しすぎじゃない」

「どこが？　ぜんぜん！　僕は欲望を我慢することはできない。例えば、毎晩、思ってますからね、英語を勉強しないとって！　YouTubeで英語の動画でも検索しようかなと思うんだけど、なぜか日本のお笑い番組見て、あっはっは、って笑ってるんですよ」

　彼は、その時を再現するようにあっはっは、とおかしそうに笑った。

　やっぱりこの人と話してよかった。何だか、自然なのだ。全身を強張《こわば》らせて、絶対にがんばるぞ、いい所見せないと、という感じがない。それが、いかにスゴイことかは、本人はあまり気づいていないようだった。

「日本人はさ、よくパリまで来たんだから結果を出さないとってプレッシャー感じてるみたいだけど、メガネはぜんぜん違うね」

「そういう風に、なれない。そういう人生って疲れる。僕は葦《あし》のような人間なんです。流れに任せてるだけ」

「ねえ、じゃあ将来の目標もないの？」

「ありますよ、目標、ありますよ。でも、ガツガツはしてないですねえ。そのために、何か我慢するとか、ないっす」

日本の「常識」から見たら、メガネのような生き方はそんなに誉められたものではないのかもしれない。家賃を滞納したり、お金がないのに欲しいものを買ってしまったり。しかし、それは未来を恐れていないからなのだ。私たちは時として、遠い未来に自由になるために、楽になるために、今日やりたいこと、欲しいものを我慢してしまう。そうすれば、代わりに将来が約束されるかのように。

そんな話をしている時のことだ。彼がオーダーした苺のソースのパンナコッタが運ばれてきた。彼はお皿をズイと私の方に押し出した。

「これ、食べてみてください、すごいおいしいから！　特に、苺ソース、たくさん食べてください！」

薦められるままに、一口食べると、フレッシュな苺の香りが漂い、冷たいクリームがとてもおいしかった。「ありがとう」と押し返すと「もっと、食べて、食べて！」と力強く薦めてくる。

「実は僕、ソースはあんまり好きじゃないんですよ！　だから食べて」

彼はニヤッと笑った。それが、彼流の気の使い方なのか、それとも本当に苺ソースが嫌いなのか。とにかく、そんなやり取りは、私を愉快な気分にさせた。こんな時の彼は、「人が苦手」という感じはまるでなかった。私はからかうように思わずこういった。

「ねえ、じゃあ将来のためにこのパンナコッタを我慢しろって言われたら、どうする？」

「できないっすねえ」

彼はかなり真面目な顔で答え、白いクリームだけをパクパクと食べていった。

プロと最終地点

さて、何事もプロにならないと意味がないと考えた生意気な中学生時代から、十数年が経った。

「今は、さすがにプロのスタイリストになったと思ってるよね？　アシスタントもいるし」

「ないです。明日の生活もわからないのに、何がプロですか〜！」

甲高い声でまた元気一杯に否定した。

「食べていけるだけじゃだめ？　メガネがいうプロって何？」

「それは……制約とかやりたくないこととかあるけど、その中で自分のやりたいことをやれることがプロ。いかなる条件でも一番いいものを残せるようになったらプロなんじゃない？」

「そういう意味で、メガネはまだプロじゃないの？」

「かもしんないすね」そう言うと彼は、赤いマルボロの箱から一本タバコを出して火をつけた。「でも、最終地点だけは見てます」

煙がユラユラと天に上《のぼ》っていった。

「それはどこ？」

「お世話になった人みんなに還元できること。僕という人間を利用してくれる人が出てくることかな」

「利用されたい？　うーん、わかんないな……世の中の役に立ちたいってこと？」

「ぜんぜん違う。僕は世の中の役に立ちたいなんて思ってない。役に立てるとも思ってない。そんな人間ちゃうし。私生活はそのままで、（仕事で）やっていることは大きく」

彼は、それ以上は仕事の話を続けず、また違う話を始めた。「熱くなるのが嫌い」で「シャイ」だから、将来を熱く語ったりするのは嫌なのだろう。本当のところはわからないけれど、きっと彼は、今まで手を差し伸べてくれた人々に感謝していて、自分がプロとしていい仕事をすることで、その人たちを喜ばせたいと思っているのかなあと思った。

「ところで、私生活はそのままでっていうことは、今の私生活には満足なんだ」

「え、そんな訳ないじゃないですか！」

「そうなの？　どうして」

「だって……一人なんだから」

そういうと、彼はしばらく何かを考えているようだった。彼の心には、誰か特定の人が浮かんでいるのかもしれない。

「じゃあ、この先の人生を一人で過ごすのはいやなんだ」

「もちろん……一人なんかいやですよ」

火山が爆発するような勢いでしゃべっていた彼が、やけに静かに答えた。

「僕、一人だと楽なほうにいってしまうので、誰かと一緒にいたほうがいい。自分と正反対な人といて、色々言われたほうがいいんですよ。僕はシャイすぎるんですけど、実は人とのつながりが一番大事なんですよ。好きな人と時間を共有して、僕は一人じゃないと感じられて、相手にも感じて欲しい」

そうして、私たちはまた恋愛や結婚についてしばらく話をした。

「この先もパリにずっといるつもり？」

「どうだろう。僕は、どこでも住めると思いますよ。こだわりない。いずれは戻るのかなあ、日本に。東京でもいいし、兵庫でもいいし、大阪でも岡山でもいい。大阪だったら、その時は全く違う仕事してるのかもな」

また追い求めたいことや好きな人が見つかれば、彼は遠いどこかに行くのだろう。そうやってその夜も、たくさんの話をした。その話はとてもおかしくて、私は一晩中笑ってばかりいたのだが、それがここに書けなくてとても残念だ。

18区

フランス・サーカス界に
起こった旋風

孤高のヨーヨー・アーティスト

シルクハットの男とゴールデンレトリバー

ヨーヨーで生活をしている日本人がいるらしい、と聞いた。Yukkiと呼ばれていて、本名はわからない。

知り合いから電話番号を聞きだし、電話をかけてみた。少し緊張しながら、ヨーヨーやパリ生活について話を聞かせてくれませんか、と頼んでみる。

「どうしようかな……今、あんまりいい時期じゃないんです。元気がないっていうか」

深い眠りから覚めたばかりのような声が、遠くから聞こえてきた。元気がなくてもいいです、とりあえず一回会ってもらえませんか、と食い下がると、少し間があった後に答えた。

「うん……じゃあ、いいですよ。それなら、うちの近くまで来てもらえますかぁ」

いったい、どんな人なのだろう。

電話を切った後、ためしに「Yukki」でネット検索してみると、かなりの数の動画がヒットした。そのうちの一つを再生してみる。現れたのはマジシャンのような黒いシルクハットをかぶり、シャンゼリゼの眩しい夜景をバックにヨーヨーを上下左右に巧みに操る男。手から繰り出されるヨーヨーは蝶の羽みたいな有機的な動きをしていた。男性は、サメみたいな目つきで、神経質そうな印象だ。会えたところで、どれだけ話をしてくれるのかわからなかった。

彼が住むのはパリ北部の十八区。あまりなじみのない地域だ。少し緊張しながら、約束の時間に最寄り駅から電話をかける。「今いる通りをまっすぐ進んでください」という彼の道案内どおりに歩いていると、何人もの酔っ払った若者とすれ違った。あまり治安の良さそうな雰囲気ではない。やがて煉瓦造りのアパートが見えてきた。市営の低所得者用住宅らしかった。

その玄関ドアが勢いよく開き、〝少年〟が現れた。

「こんにちは〜。いらっしゃいませ〜。わ、声の感じどおり素敵な人ですね。どうぞ入ってください」

とうららかな笑顔で出迎えてくれた。

ぜんぜん、違う。

映像の中の男とも、電話の声とも、私の想像とも別人だった。私は二秒ほど彼を見つめていたと思う。女の子のような優しい顔立ちに、脂肪のない細い体軀《たいく》。踊るように軽やかな身のこなし。茶色い髪を少し長めに伸ばしていて、それがよく似合っている。語尾を伸ばすようなゆっくりとした話し方は、電話ではただ眠そうだったのに、現実ではふんわりと歌うよう。誰かが来たのが本当に嬉しいようで、はしゃいでいる。

そうだ、大型犬みたい。ゴールデンレトリバーを飼っていたら毎日こんな風に出迎えてくれるんじゃないかなとちょっとフマジメなことを考えながら、彼の部屋に入った。これが、ヨーヨーの元日本チャンピオン、そしてフランス唯一の現役ヨーヨー・アーティストとの出会いだ。

ヨーヨーだけは飽きなかった

大きなフランス窓の側に簡素な木のテーブルが置いてあり、そこに向かい合って座った。天井が高くフローリングの部屋は広いけれど、テーブル以外に家具はなく、閑散としている。部屋の奥に二つドアが並んでいるので、その片方が彼の寝室だとするともう一つはなんだろう。

「あっちはルームメイトの部屋です。レズビアンのおばさんと一緒に住んでるんですよー。あんまり仲良くないんですけど。だって煙草とか酒とか平気で盗むし。喧嘩ばっかりしてます。ははは」

楽しそうに話しながら、缶ビールを手渡してくれた。

「ええと、Yukkiさんは、ヨーヨーで生計を立てているんですよね？」

「僕がどうやって生きてるのか、気になるとこですよねえ。はは、僕って、何してるんでしょう。今は大して仕事もしてないし」

「でも、ヨーヨーでショーに出てるんですよね」

「はい、そうです。ヨーヨーだけじゃなくて、ディアボロ（中国ゴマ）とか他のジャグリングもしていて。一応それで生活してるってことになるのかな。一番多い仕事はサーカスで、後はショーやコンサートに出演したり、大道芸とかもするし。あ、フェスティバルや映画にも出ています」

「それってすごいじゃないですか。売れっ子なんですね」

　彼はテーブルにお菓子やクラッカーをゆったりと並べながら、困ったような笑顔を浮かべる。チョコレートの包みを開きながら、「頂きませー」と笑顔を見せたあと、「あれ、日本語が間違ってますよね⁉　あー、日本語すっかり忘れちゃってるよぉ。お食べください？　だめだ、違うな。とにかく食べてくださいー」とゴールデンレトリバーが困った顔をした後に、しぼむように静かになり、こう言った。

「ごめんなさい、実は今は来た仕事の依頼はかなり断ってるんです。というか電話に出ないで無視しているだけのことも多いんですが。だから本当は今日も断りたかったです」

　彼はビールとチョコレートを交互に口にしながら、小さな声で話を始めた。

Yukkiは女きょうだいばかりの末っ子として横浜で育った。ヨーヨーを始めたのは十一歳の時。当時、小学生の間で「ハイパーヨーヨー」というものが「たまごっち」に続く大ブームになっていて、彼も駄菓子屋で安いヨーヨーを買った。ハイパーヨーヨーとは、私たちが思い浮かべる昔ながらのヨーヨーと異なり、中にベアリングが入っているため早く回転する競技用のものだ。糸が伸び切った時に空回りして止まる「スリープ」という機能をもたせてあり、その空白の時間を利用して様々なパフォーマンスやワザを展開できる。ヨーヨーを操る人は、〝スピナー〟と呼ばれる。

「始めた時はずばぬけて上手というわけではなかったんです。でも、練習しているうちにすぐにクラスで一番になっちゃった。もともと、僕の性格ははまり性で、しかも飽き性だったんだけど、ヨーヨーには執着して、けっこう上達が速かったな」

中学生になるとヨーヨーの大会にも出るようになる。ヨーヨー界には地方大会から、全国大会、そして世界大会と想像以上のスケールが存在する。彼が選んだ種目は両手のフリースタイルというもので、三分間好きな曲を流し、オリジナルな技を盛り込んだショーを披露するもの。毎日放課後の数時間を費やし、新たなワザを編み出したり、振り付けをする。そんなちょっと変わった中学生活を送っていた。

大会では持ち前の運動神経の良さで、速いスピードとダンスが融合した独特の演技を披露した。初めて出場した団体部門では、全国三位になり、その二年後には個人で大会に出場し、関東大会で優勝、全国で三位という記録を残した。その頃からスピナー・Yukkiの名が知られ始め、彼がステージに上がると、観客が拍手で迎えるほどの人気だった。

日本チャンピオン、そして世界へ

ヨーヨー熱は高校生になるとさらに沸騰していく。大会以外の活動を求め、ある日スピーカーを背負い、ヨーヨーとディアボロを持って、横浜の山下公園に向かった。大道芸をするためだ。

彼の話をふんふんと聞く私は、二缶目のビールに口をつけた。

「大道芸なんて、かなり勇気がないとできないことじゃないですか？」

「そうかなあ。その頃高校生なりに悩みがあって。自分を変えるために始めたんです。恋の悩みでした。その時好きだった女の子とうまくいかなくて。これは自分の中で何かを変えないといけないなって、街に出ました」

巷の高校生は恋の悩みがあるからって大道芸には走らないよねえ、と心の中で突っ込む。

横浜は日本における大道芸の聖地で、年に一度は大道芸フェスティバルが開催されるという土地。普段から山下公園やランドマークタワーには様々なパフォーマーが並んでいる。新参者はそんなシノギを削る場所を避け、公園の誰もいない一角でヨーヨーを取り出した。「初めはやっぱり緊張しましたね。どうやったらいいかもわからないし。せっかく来たし、とにかくやってみようと」

勇気を振り絞ってパフォーマンスを始めたが、誰も立ち止まってくれない。「こりゃダメだ」と別に場所を変えて再びチャレンジ。しばらくするとようやく小学生の女の子が一人立ち止まった。嬉しくなって「ぜんぜんお客さんいないから、見てってくれる？」と頼むと、女の子は「うん、いいよ」と頷いて、しばらく見てくれた。それを契機にどんどん観客が集まり、最後は四十人ほどの人垣ができた。初めての路上パフォーマンスは大成功だった。そうやって週末のたびに大道芸をしていたら、今度は結婚式、パーティ、子ども会などで「お金を払うから来てくれ」と仕事の依頼が舞い込むようになった。「こうやって生きていけたらいいなあ」と考え始めたが、現実味の薄い想像だった。

大会でも着実に成績を上げていき、向かうところ敵ナシ。十六歳で、ついに全国大会で優勝し、日本チャンピオンに輝く。さらに、翌年には単身フロリダに乗り込み、世界大会に出場。結果は準優勝だった。日本の少年が、世界のYukkiになった。

高校二年の頃、その後の人生を決定づける出会いがあった。

「その日、すごーく、ひどいショーをしちゃったんですよ」

場所は地元の子ども会。そこでディアボロを落とすというミスをしてしまった。すると子どもたちが「あー、今落とした」と野次を飛ばして大騒ぎ、ショーはメチャクチャになった。Yukkiは腹が立ったあまり、子どもを「うるさい！」とどなりつけてしまった。

「その後もうすごい自己嫌悪でしたよぉ」と振り返る。

しかし、ショーを終えた時、六十歳近い女性が近寄ってきた。彼女は野毛大道芸実行委員会の主要メンバーで、大道芸人の母と呼ばれる大久保さん。落ち込むYukkiに、

「あなたは才能があると思うから、今度、委員会の事務所に遊びに来なさい」

と優しい言葉をかけてくれた。後から知ったが、大久保さんは国内外のパフォーマーとの広い人脈を持っていて、今でも新人発掘に街を歩いているそう。Yukkiのことも「この子はやる気があるし、育ててあげたい」と周囲に語り、彼の二人目のお母さんのような存在になっていった。大久保さんを通じてプロの大道芸人と一緒に時間を過ごすようになり、まさしく大道芸一色に染まった風変わりな高校生活を送っていた。

三年生の秋、大久保さんに「卒業したらどうするつもり？」とイタイ質問をされた。周りの雰囲気は大学受験一色になり、心の中ではどうしようかと悩んでいた。学校は遅刻、欠席、

早退ばかりで、受験は最初から諦めていた。だからといってヨーヨーで食べていくなんて無理な話だ。仕方なく、一芸入試で大学に行くか、パントマイムの学校に行こうと考えていると告げると、大久保さんが「それならフランスにあるサーカスの学校に行ったらどう？」と言い出した。

「はあ？　何を言っているんだろう」

その場では、取り合わなかったものの、心の中で何か引っかかるものを感じた。その頃、技術ばかりを追求している自分のヨーヨーのスタイルに疑問を覚えていたという。「技術以上の何かで人を感動させることはできないか」と考えていて、その答えはそこにあるのかもしれなかった。家に帰るとインターネットで色々と調べてみた。すると確かにフランスには大小合わせて四百以上のサーカスの学校があることがわかり、びっくりした。

大久保さんが勧めてくれたのは、その中でも最高峰と言われ、サーカス界のエリート養成学校であるCNAC（国立サーカス芸術センター）。どうしようかと母親に相談すると「せっかくだからやってみたら」と笑顔で言ってくれた。フランスならヨーヨーで生きていけるのかもしれない。暗闇の中にぽっと提灯《ちょうちん》が見えて、こっちだよ、と呼んでいた。

本場のサーカスの衝撃

入学選考のために、フリースタイル・ヨーヨーの演技をビデオ撮影して送った。CNACの名声は世界に轟《とどろ》いていて、世界中から三百人以上の受験者を集める。そのうち、準備校ではない外部からの合格者は十人程度という超難関校。フランスを代表するサーカスカンパニーがこの学校から多く生まれてきた。サーカスは日本では子どものショーという印象が強いが、フランスでは国を挙げてバックアップする伝統的な芸術分野である。そんなサーカスの世界で、ヨーヨーという玩具に近いものが受け入れられるのだろうか。

その頃、本場のサーカスを見るために初めてフランスに行った。Yukkiはそれまでサーカスをほとんど見たことがなく、「サーカスといえばライオンがいっぱいいて、テントがあって……」というステレオタイプで貧相なイメージしか持っていなかった。

初めて見たサーカスには動物は出てこなかった。というよりも、想像していたものとは根本的に違うものだった。

「一言でいうなら衝撃ですね。本当にオリジナルで、演劇みたいに知的で。これが本当にサーカスなのかと。こういう形があっていいんだって。もう、すごく感動しました」

気がついたら自然に涙が頬をつたっていた。

フランスでは、この三十年ほどでサーカスは独自の進化をとげ、今ではピエロも、空中ブランコも、動物も出てこないショーや、たった一人しか出演者がいないサーカスすら存在する。それは「ヌーヴォー・シルク（現代サーカス）」と一括《ひとくく》りにされる。前衛的なアーティストたちが、音楽や演劇、ダンスやアクロバットなど多様な要素を取り入れ、人間の身体能力、感性とワザを究極まで酷使したパフォーマンス。

それが、Yukkiが入っていこうとしている世界だった。

「ショーで本当に泣いたんですか？」と私が聞くと「はい。僕はすぐ感動しちゃうんで、ショー見て、しょっちゅう泣いちゃうんですよ～。感動して、これだ！　と思うと泣いちゃいます」とにっこり満面の笑顔。

その優しい雰囲気は本当に女の子みたいなのだが、彼に全くその自覚はなく。

「だから同級生に、女みたいって馬鹿にされて。泣くとなんで女の子なんですかねえ。男だって泣きますよねえ」

そんなことを話していると、例のレズビアンのルームメイトがスーパーの買い物袋を提げて帰ってきた。ショートカットで筋肉質のがっちりした体型。「ボンジュール」と言う声がやけに野太い。冷凍庫から氷を取り出し、Yukkiに向かって投げつけ、「ワハハ！」と笑いながら奥の部屋に消えていった。

「今の見ました？　だからアイツのこと嫌いなんですよ！」

合格と不合格の狭間

高校卒業が目前に迫った頃、ＣＮＡＣから連絡がきた。

「おめでとうございます。合格しましたよ」

最初に浮かんだ気持ちは、ほっとするよりも「本当にいいのかな？」だったらしい。とにかく進路が決まり、家族も大久保さんも大喜びだった。ところが入学の手続きを進めていると、学校はだんだんとYukkiの入学に難色を示すようになった。それはYukkiがフランス語はおろか英語も話せないため、全くコミュニケーションが取れなかったからだ。

しばらく検討し、結局、学校は入学を取り消した。これには、Yukkiは大きなショックを受けた。今さら大学を受験するのは遅すぎたし、輝いていたはずの未来が白紙にもどってしまった。

落ち込む息子を見て、お母さんは、「ねえ、それならパリに行ってフランス語を勉強したらいいじゃない！」と勧めた。ＣＮＡＣは七月に一般向けのオーディションを開催する。フランス語を勉強して、ダメもとでもう一度だけ挑もうと考えた。考えれば考えるほどそれしかなかった。

高校を卒業すると、すぐにフランスに向かった。三ヶ月間みっちりフランス語を勉強した結果、たどたどしいながら意思の疎通ができるようになった。そして、再びオーディションを受けた。絶対に合格しないと、と一日中緊張しながらのオーディションになった。

この日、Yukkiの存在は審査員の間に大きな物議を醸した。ヨーヨーなんてサーカス競技じゃないと主張する一派と、その可能性を認める一派に分かれた。議論は平行線だったが、最後は校長先生が、「彼はなんとしてもとらないとダメだ」と強く主張し、再び彼は合格した。ただし、と学校は付け加えた。

「あなたのヨーヨーのレベルは高すぎて、学校はヨーヨー自体を教えることはできない。それでもよければ、ぜひ入学して欲しい」

「それでもいいです！　僕はむしろヨーヨー以外のことを学びたいんです。身体表現とか、体の動かし方とか」

「本当に？」

迷いはなかったので、「はい」と答えた。

こうして、Yukkiは栄えある国立サーカス学校に入学した。日本人としては二人目だ。

学校は、シャンパンで有名なシャンパーニュ地方の田舎町・シャロン市内の「シルク（サーカス）通り、一番地」にあった。冗談のような住所だが、本当だ。先生一人につき生徒は一～五人という少人数制で、学費は全て公費でまかなわれるためタダ。同級生はみんななんらかのサーカス種目を専門的に勉強しており、すでに得意技を持っている。

「アンシャンテ（はじめまして）！　私は馬術芸をやってるの。よろしくね！」

「ぼくは空中ブランコ！」

などと言い合う中で、「僕はヨーヨー」というYukkiは、当然かなり浮いていた。

卒業までの期間は三年間。最初の二年間は学習期間と呼ばれ、サーカスに必要な総合的な技術を身につける。

「そもそもサーカスの基本技術って、どんなものですか」

と私は興味津々で尋ねた。

「必修の授業はアクロバットや体操、トランポリンなど、基礎的な体の動かし方かな。それにダンスや演劇とか楽器も勉強しますよ。あと手品のワークショップとかもあったな」

というのだから、かなりマジメでハードだ。

「毎日、落ち込んでたんですよー。周りのレベルが高すぎて……。僕はただヨーヨーやってきただけじゃないですか」

他の生徒は子どもの頃から体操や演劇を学んできたため、先生に言われたことをスイスイこなす。しかも早口のフランス語はYukkiにはチンプンカンプンで、演劇のクラスに至っては「お前には無理だ」と最初から受けさせてもらえなかった。

落ちこぼれでスタートすることは想像以上に辛く、授業に出る足取りも重くなる。一人でポツンと過ごすYukkiを見て、クラスメイトが「Yukki、お前のヨーヨーには誰もかなわないんだから、自信持てよ。技術だけで見たらお前が学校で一番だよ」と声をかけてくれたこともあった。

入学前に釘を刺されたとおり、ヨーヨーの先生はいないので、ヨーヨーは自分一人で練習するしかない。体操の授業で身につけたバック転などを演技に生かし、オリジナルな「アクロバティック・ヨーヨー」を開発していくことにした。

二年目に入ると、言葉もだいぶ理解できるようになり、持ち前の社交的な性格もあって、学校の仲間に溶け込んでいった。馬あり、手品あり、トランポリンありと、傍からみるとハチャメチャな学生生活。それに私生活もかなりワイルド。彼が住んでいたのは農家の裏庭に置かれたトレーラーハウス。代々サーカス学校の生徒が安く借りている伝統ある部屋だが、実情は狭くて、薄暗く、居心地は悪かった。冬になると部屋の中は息が白くなるほど冷え込み、逆に夏は炎天下の車中のように暑い。外ではアヒルや家畜が走り回り、年中キャンプしているような暮らしだった。慰めになったのはクラスメイトたちで、夜は料理を持ち寄って飲み会を開き、週末になればみんなでバーベキューをした。それぞれの持ちネタを披露しあい、飲み会はいつもおおいに盛り上がった。

ヨーヨーで生活できる街

学習期間を終えると、いよいよ一年かけての卒業制作が始まる。マルセイユでカンパニーを率いるプロの演出家の指導のもとに、みんなで公演の流れや役割を決めていった。ある詩人の書いた「幸せ以外は全てを失った」という言葉をタイトルに持ってきて、「幸せになることが人生で一番大切だ」というメッセージを打ち出すことに決めた。この観念的なタイトルからもフランスのサーカスが大人に向けたショーだということがわかる。

その中でYukkiは道化師であり司会という一番の大役を務めることになる。当初は言葉が覚束ないYukkiに司会進行ができるのかとメンバーは心配したが、演出家はYukkiを一目見た時から「彼じゃなければダメだ」と主張した。Yukki自身もみんなが言うとおり「本当にできるのかな」と心配だったたという。

練習が終わると、五ヶ月間でフランス全土を回るという長いキャラバン生活が始まった。地元のシャンパーニュ公演を皮きりに、パリ、南仏へ。巨大なサーカステントを設置すると、それを囲むように団員のテントやトレーラーを設置し、キャラバン村を作った。シャワーもない生活で、ご飯はキッチントレーラーを共同で利用する。鍋やコンロはいつも取り合い。食器が全て盗まれてしまい、犬用の餌入れでご飯を食べたこともあった。お世辞にも快適とは言えなかったが、騒がしい生活は彼の心をほっとさせるものがあったという。移動生活が好きであることはサーカスを職業に選ぶ時の絶対条件である。公演は各地で大成功を収め、パリ公演は一ヶ月も続いた。

「一時間四十分、ほとんど走り回って、しゃべるか、リコーダーを吹いてましたね。休める時は水を飲んでばっかり」

実際に卒業公演のDVDを見てみるとYukkiは断トツで出番が多い。一番初めにリコーダーを吹きながら、踊るように出てくるピエロが彼だ。

舞台全体は芸ごとに小さな場面に分かれている。馬を使った動物芸や、ジャグリング、空中ブランコなどの飛び芸も入る盛りだくさんの内容。一つ一つの場面に物語があり、明るいストーリーがあれば、悲しいストーリーもある。各場面の合間にピエロ姿のYukkiが現れ、コミカルなポーズとトークで観客をほっと和ませる。

「メンバーもすごくいいエネルギーを出して、忙しく、楽しく過ごしてました。日本からも母と大久保さんが見に来てくれました。公演が終わってテントからお客さんが出て行く時にメンバーみんなで並んでお見送りをするんですけど、その時に大久保さんは泣いてくださって……」

仲間も、Yukkiの司会が最高に良かった、と肩をたたいてくれた。サーカス関係者が、

「今度うちの公演にも参加してよ」と次々に声をかけてきた。

卒業し、パリに上京してきた彼の元には、仕事の依頼が殺到している。そこにはフランスで最も有名な演出家フィリップ・ドゥクフレからの依頼も混じっていた。ドゥクフレは、CMや映画の演出家として名を成し、ベネチア国際映画祭で銀獅子賞を受賞、今までにオリンピックやワールドカップといったスポーツイベントの開会式や閉会式の演出も担当した人である。

Yukkiはサーカスだけではなく、映画にも出演し、その作品は映画祭に出品された。海外のサーカスやマジシャンの会合からも出演依頼がある。またムーラン・ルージュと並んで有名なショー・キャバレーからの引き合いもあった。今のYukkiの六分間のショーには千五百ユーロ（当時レートで約二十四万円）という値がつくこともある。そして全ての依頼を受けると三年後まで予定がいっぱいになると言うから驚く。彼が夢見た通りに、パリはヨーヨーだけで生活できる奇跡の街だったのである。

ヨーヨーを始めてから十一年、ずいぶん遠くまで来た。

ヨーヨー実演と彼の悩みの森

こうして数々の面白いエピソードを聞かせてもらったものの、私はヨーヨーのショーがどういうものなのか、露ほども理解していなかった。私にとってヨーヨーはやっぱり子どものおもちゃの域を出ない。ひと段落して会話がとぎれた頃、

「あの、ヨーヨーを見せてもらうこともできますか」

と頼んでみた。

「はい、もちろん！」

彼は快く答え、椅子からゆっくりと立ち上がった。

両手にそれぞれ一つずつのヨーヨー。彼は精神統一をするようにまっすぐと立ち、しばし彫刻のように止まった。いつの間にか手の中のヨーヨーはゆっくりと彼の手から垂直に落ちていき、下で三秒ほどクルクルと回る。そして思わぬスピードでパッと手に戻っていく。それが始まり。彼の体とヨーヨーがまるで一つの生き物のように動き始めた。

初めて見た彼のヨーヨーは、それは美しかった。柔らかでダイナミックな体の動きと、ヨーヨーという二本の流線が繰り広げるムーブメント。ヨーヨーは時には鞭のように鋭く、時には時計の秒針のようにゆっくりと放物線を描き続ける。頭上で、背面で。重力に逆らって。それは私が想像していたどこか子どもっぽいショーとは全く異なる、エレガントなパフォーマンスだ。圧巻なのは彼のその幸せそうな表情で、演技をするのが嬉しくてしかたがない気持ちが顔からこぼれだしている。

「すごく綺麗です！」

と拍手すると、彼はまさに極上の笑顔を見せてくれた。

順風満帆《じゅんぷうまんぱん》を絵に描いたような生活なのだが、実は今、苦悩の日々を送っているのだそうだ。彼が話をしたがらなかったのは、その深い悩みの森から抜け出す道が見つからないからだった。

「今、行き詰まってます。日本や世界の大会で求められるのは技の難易度とスピード。でもフランスで求められるのは、表現力。だから、今の自分は何を表現したらいいのかわからなくなっちゃって……。技術はいくらでも伸ばせるんですよ。でも、今はそれを求めてないんです。技術だけでみたら、僕よりうまい人がうじゃうじゃいるんですよ。わー、こんなのできるんだ、とか思います。昔の自分はやっぱり難易度で勝負してた。だから昔の僕を知っている人には『前のほうがよかった。昔のYukkiに戻って欲しい』と言われることもある。でも、もう自分は戻る気はないです。僕はフランスを、そしてサーカスを選んだんです」

ここのところ彼は家から一歩も出ず、閉じこもってばかりいるという。ヨーヨーもほとんど練習しないし、友達とも出かけない。昼夜が逆転して、不健康きわまりない生活を送っている。食べるものもお菓子ばかりで、顔色が悪い。

「自分のやっている芸に自信が持てないんです。何を表現したいのかわからなくなってる。目標が不明確になってる。贅沢なことだけど、見てもらって、喜んでもらうだけでは満足できなくなってきているんです。何が表現したいんだろう……」

まだ若いのだからそんなに焦らなくてもと思ってしまう。だって彼はまだ二十二歳なのだ。私が二十二歳の頃は、何者になりたいのかなんて見当すらつかなかった。

「乗り越えられなければこのままだから、乗り越えるしかないですよね。内心めちゃめちゃ焦っているわりに行動が焦ってないから、結局もっと焦っちゃうんですよ。腹立たしいですね。欲求不満になります」


彼の苛立《いらだ》ちと苦悩を聞かされても、ヨーヨーの世界を全く知らない私には、彼のヨーヨーがどう問題なのか全くピンと来なかった。何しろ私はヨーヨーといえばYukkiしか知らないのだ。何かヒントがないかと、帰宅後にネット上にアップされているヨーヨー大会の映像を見てみた。手当たりしだいに検索する。片手部門、両手部門。フリースタイル。日本人、外国人。

そして、私は彼の言わんとしていることが、おぼろげに理解できるようになった。最近のチャンピオンたちの演技は、目にもとまらぬ速さの技、技、技の連続なのだ。そのテクニックとスピードといったら人間技を超えていて、思わず一人で「すごい」を連発していた。これが本当のヨーヨーなのか……。

Yukkiの演技を見た後だったからなのか、どこか違和感があった。彼らチャンピオンたちはあたかも、対戦ゲームで次々と必殺技を炸裂させるキャラクターのようなのだ。それは確かにすごい。しかし、それ以上ではない。ユーロビートに合わせて、繰り広げられる超絶テクはどこまでもメカニカルで、目がチカチカした。それは、いつまでも終わらないでと願う温かいサーカスの世界とは、対極にあった。

Yukkiは、曲芸の連続を超越して、自分を表現するツールとしてヨーヨーを構え、一つのアートの領域に高めようとしているんだなあと理解した。しかし、それはいかんせん前人未踏の分野である。フランスにおいてヨーヨーでサーカスに出ている人は彼一人。道なき道を歩くパイオニアは辛いだろうなあ、と思う。そっかあ、少しだけ意味がわかったよ、と呟いた。

自分に甘いのは優しさじゃない

こうして私は、数度にわたって彼の話を聞いた。たいていは楽しく平和な時間だったが、一つだけ気になることがあった。話の合間に、彼がよく「死」について語ることだ。そのたびに私はドキリとした。

「知ってました？　ジャグリングをやっている人は自殺率が高いんです」

「ふーん、ジャグラーはカンペキな演技を求められていて、失敗できないからじゃないかなあ。プレッシャーあるもんね」

「いや、だって空中ブランコみたいに失敗したら死ぬとかいうわけじゃないんですよ？」

「失敗したら死ぬプレッシャーと、失敗できないプレッシャーって別のものだよ」

「そっか。でも、僕はどういう理由かわからないけど、死にたくなるんです。実は最近、いつも死にたいって思ってるんです。今朝も死にたいって思ってた……」

そんな話になると、私は何と答えていいかわからず、ただ黙って頷いた。

「僕、健康で、人を楽しませる技術もあって何を悩むことがあるの？　おまえ馬鹿だなってみんなに言われるんです。でも、ふとした時にどうやって死のうかなって考えてます」

そして一口ワインを飲んで「ああ、おいしいー」とニッコリと笑った。

とても死にたい人に見えない。そんな彼を見ていると全く場違いなことに、私の方はフシギと感動することがあった。彼は本当に愛されるべきヒトなのだ。憔悴《しょうすい》していても、愚痴を言っていても、その犬みたいに正直な目が、他の誰かを癒してしまう。こうして「愛される力」をかねそなえて生まれてくる人がいるんだなあと、感動してしまうのだ。

そんなことを考えている間も、彼はずっと話し続けていた。

「僕は自分を甘やかしてる。それでいて、自分に優しくない。やるべきことをやらずダラダラと過ごしていて、甘やかしているだけ。落ち込むとゲームしたり、お酒を飲んだりして一日が終わってしまう。最後はそういう自分を責めて落ち込む。落ち込んで、死にたくなる」

人生を過剰なほど真正面から捉えているのだと思う。彼は今は仕事の話があっても断っている。自信が持てるようになるまで、何も出たくないそうだ。その気持ちはわかるが、外国では孤独すぎる戦い方のような気がする。もっとリラックスしたほうがいいよ、と当たり前のことを伝えようとするのだが、それは嫌味なほど表面的な言葉で、口に出せない。

「本当は、甘さを優しさにできたらいいんですけどね。自分に甘いのは優しさじゃないですよね。優しくなるためには、時に厳しくもならなければいけないじゃないですか」

それを自覚しているだけ、けっこう大人なんだなあ、と思った。

「結局ヨーヨーをやっていると楽しいし、輝ける。僕にはそれしかないんです。ショーをすることからしか喜びが得られないわけじゃないけど、でも一番自分が喜びを感じるのはやっぱりショーをすること。だからショーをするしかないって、わかっているんです。でも、今はすごく大きい壁なんです。死にたい、なんて言っちゃって……。最低ですよね。でも、最近思うんです。結局のところ、やっぱり死ねないじゃんって。だったらもう落ちるところまで落ちて、また這い上がる時期までどうにか生きていればいいのかなあ」

私はただ、彼の独り言のような呟きを聞いていた。しばらくすると、彼は「またヨーヨーでもやりましょうか」とショーを始めた。落ち込んでいても目の前にいる人を楽しませなくては、と考える根っからのパフォーマー。疲れているのに、そんなに気を使わなくてもいいよ、と私は喉まで出かかる。でも、ショーを始めると、彼はいつも満面の笑顔で、幸せそうで、それを見ていると、たぶん彼は大丈夫だと安心してしまうのだった。

会えない予感

後日、借りていた卒業公演のＤＶＤを返すために電話をかけた。いつもはすぐに電話に出るのに、今回はいつまでも出ない。鳴り続けるコールの後にフランス語の録音が流れる。

「はい、こちらはYukkiの携帯電話です。ご用の方はメッセージを残してください」

翌日もまた電話したが、メッセージにつながった。何度か機械ごしの声を聞いているうちに、仄暗《ほのぐら》い洞穴を見つめるような不安感が立ち昇ってきた。「遅くてもいいから電話ください」と三つ目のメッセージを残した後に、ふと、もうこのまま彼に会えないのかなと感じた。

いやな想像が頭をかすめたものだ。

私は三十代前半で急に父親を失って以来、人が死ぬことを当たり前に感じている。人と人はいつか会えなくなる。たった数日連絡が取れないだけで、そう考えるのは大げさだとわかっているのだが、その半面で「会えない予感」は入道雲のように膨らんでいった。「いつも死にたいって思ってるんです」という彼の眠そうな声が、耳の奥にこびりついていた。

——幸せ以外は全てを失った——

机の上にポツンと置かれたＤＶＤのタイトルをじっと見る。

その日、いつまで待っても連絡はなかった。

彼からの連絡があったのは、一週間後だ。

「ごめんなさい。どうしても電話に出られなくて。落ち込んでて。誰とも話せなくて。本当にごめんなさい」

憔悴《しょうすい》した小さな声が聞こえてきた。私は、ほっとして「いいの、いいの。勝手に心配していたんだから。元気ならよかった」と慌てて言うと、彼は電話口で泣いているようだった。

「あの、Yukki、明日って空いてる？　よかったらうちで夕飯を一緒に食べない？」

沈黙の後に消え入りそうな声で、ありがとうございます、と聞こえたので、今度こそほっとした。

翌日、彼はくたびれきった様子で、約束より遅れて現れた。汗ばむような初夏の日なのに、黒いセーターにジャケットを着こんでいる。服には煙草の香りが染み付いていた。

「ごめんなさい、遅れてしまって。どうしても起きられなくて。起きたらもう夜で」

「昨日から謝ってばかりで、もういいよ。まずは飲もうか」

自家製の冷えたキールを渡すと、ゴクリと飲んで、「おいしい……」と笑顔を見せた。

彼は、用意した食事を、少しずつたいらげていった。食べているうちに元気が出たようで、私たちはまたサーカスの話やパリの友人の話など、とりとめのない話をした。窓からカフェのある小道を眺めながら、冷えたワインをゆっくりと空けていく。典型的なヨーロッパの夏の夜で、宇宙が透けて見えそうな藍色が広がっていた。天空にはきりりと細い三日月が浮かんでいて、彼はそれを長いこと眺めながら、事情があって会えない昔の彼女の話をしていた。とにかく私は彼が今こうして普通に過ごしていることに安堵した。

帰り際に、「これ……よかったら」と言いながらポケットから小さなものを取り出した。手の中には、ヨーヨーの形を模したキーホルダーが握られている。

「すいません、こんなもので。でも、今日はどうしても何かあげたくて」

よく見ると側面に〝hyper yoyo 1998〟と刻まれていた。彼が十二歳の時に大会で買ったのかもしれない。彼と一緒に十年あまりを過ごし、フランスまで旅してきた。いや、ずっとダンボールの隅に入っていて存在すら忘れていたものかもしれない。どちらでもいい。どういう意味でも、今日という日に彼がそれを持ってきてくれたことだけで充分だった。

ありがたくキーホルダーを受けとり、螺旋階段を降りていく彼を見送った。

そういえばいつも即興で見せてくれるヨーヨーを、その日だけは見せてくれなかった。やっとパフォーマーじゃない彼と出会えた気がして、何だか嬉しかった。

スポットライトの中

その後彼は、ゆっくりと暗がりから抜け出した。

一年も経つ頃には、再びショーやサーカス、フェスティバルと、フランス中を駆け回る生活に戻った。

ある冬の日、彼から電話があり、「今度、パリでショーに出演するから、見に来てください」と、招待券をくれた。考えてみれば、彼の本格的なショーを見るのは、それが初めてだ。そこは、「キャバレー・ソバージュ」と呼ばれる人気のある劇場で、クリスマス前の公演は満席。彼のヨーヨーの出番は、終盤の方だった。

彼は、いつもどおり二つの光るヨーヨーを手に登場した。

久しぶりに見たYukkiは、筋肉がつき、体がひきしまっていた。「舞台の上でだけ輝ける」

といつか言ったとおり、彼は湧き出すような笑顔をしていた。スポットライトの中の彼の存在感に、観客の目は釘付けになる。エキゾチックな音楽が始まると、二つのヨーヨーとダンスの熱気が観客を包み込んだ。演技が終わると、割れんばかりの拍手がいつまでも続いた。

彼は今、とても元気だ。

7区

手のひらには仕事が残った

恋に仕事に突っ走る国連職員

黙っていれば雲の上のエリート

彼女の仕事は朝九時から始まり、夜は早ければ六時に退社、遅いと深夜になる。目覚ましで起きるとキチンと朝食を食べ、歩いて高層ビルの一室にある小さな個室オフィスに向かう。オフィスの窓からは薄ぼんやりとした弱い朝日を浴びたエッフェル塔。その横にはパリのアパルトマンの屋根の連なりが遠くまで見える。

パソコンを立ち上げ、まずはメールをチェック。地球の反対側で何か厄介ごとが起きてないといいけど。そういえばアジア事務所は先週頼んでおいた報告書をあげてくれたかな。あ、アフガニスタンで自爆テロか。みんな大丈夫だったかな。

山口由加里（仮名）は、国連機関のパリ事務所で働いている。外務省によると国連に正規職員として働く日本人は七百人程度（二〇〇八年）。常に世界中から転職希望者が殺到しているので、正規職員ポストの競争率はたいてい千倍以上で、外交官や大学教授というキャリアを捨ててくる人も多い。

彼女が働く部署は、その国連機関の花形で、各国政府や世界のメディアから注目を浴びる分、実に忙しい。上司はフランス人の女性で、一緒に仕事をするパートナーはイタリア人。どちらも、感情をはっきり口に出す国民性であるため、思わず和を重んじてしまう典型的日本人の山口は、いつも彼らに翻弄《ほんろう》されている。

その一方で、彼女が担当するプロジェクトの実施場所であるアジア事務所の人たちは、海辺のリゾート地にでもいるかのようにノンビリとしている。絶対に今日までに、と頼んでおいたレポートがアジア事務所からまだ来ていない。進捗《しんちょく》状況を知ろうと電話をすると、「ユカリ！　こんにちは。オー、レポート？　今やってますよ。それより元気？　あ、レポートね、ネクストウイークでもいい？」という朗《ほが》らかな返答。その穴埋めをすべく、山口は必死でまたパソコンにかじりつく。ああ、今日もランチを食べる暇がない。さらにその一方で、他の暇な部署の人々は、朝は優雅にコーヒーショップで朝ご飯、昼はワイン付きランチで二時間以上も帰ってこない。その間にもアフリカのカラフルな民族衣装を着た同僚がペチャクチャとおしゃべりをしながら悠々と歩いて行く。山口は今日も思う。なんで私だけがガムシャラに働いてんだろ。

このように性格も育った環境も母国語も全く異なる人たちが、「世界平和」だの「貧困のない世界を」だの「持続可能な地球の未来」だの雲をつかむようなスローガンを掲げて今にも沈みそうな古びた戦艦を必死で操る、それが国連である。

高級デパート、ボン・マルシェの近くの小綺麗なアパルトマンに一人暮らし。白とベージュで纏められたすっきりとしたリビングルームに、小さなテラスとベッドルーム。窓からはパリらしい小道や商店が見える。地下駐車場には学生時代から乗っている古い愛車が停まっている。今はこの快適なアパートを拠点に、年に数度アフリカやアジアに海外出張に出る。時として南太平洋の孤島に二ヶ月近くも滞在し、現地スタッフと共同でプロジェクトや国際会議を開催する。

アメリカとフランスの最高峰の大学院をそれぞれ卒業し、英語とフランス語で日々の業務をこなす山口は、黙っていれば雲の上のエリートにも見える。しかし、その実態はジャズよりも演歌が、フレンチよりもお好み焼きが似合うような大阪の気のいいおネエちゃん。週末は司馬遼太郎などの幕末小説を読み、鍼灸に通い激務に備える。おおらかで、よく笑い、細かいことを気にしない。

山口にとって、ここまで来るのは長い道のりだった。何度も何度も、恋という回り道をしてしまったのだ。

ただお嫁さんになりたかった

「若い頃は将来の夢はと聞かれるたびに、『お嫁さん！』と答えていたの。ほんと、ほんと。大学出たらすぐ結婚して子どもが産みたかったんだから。私は、国際機関で働く他の人とぜんぜん違うんだよねー。みんなは仕事に人生の目標をおいてやってきたけど、あたしは違うの。プライベートに重きをおいてたら、いつの間にかこんなところに来ちゃったんだよね。ああ、なんでなんだろう」

彼女はそう言うと、ケラケラと楽しそうに笑った。健全な精神と優しい心根が透けて見えるような素敵な笑顔だ。三十路も半ばを過ぎた今でもお嫁さんの夢はかなっていないが、その代わり国連職員という稀有《けう》なキャリアを手に入れたのなら、悪くないのではないかと思う。

「英語とフランス語が自由に話せるなんて。もともと外国語が得意だったの？」

「ぜんぜんそんなことないの、英語はむしろ大嫌い！　だって英語はプラクティカルな学問で、ストーリーがないからつまんない。その点、歴史は本当に面白いよねえ。ドラマがあるもん。あ、でも勉強は好きだったよ」

中学生の時の趣味は、ずばり勉強。テスト前には自分で問題を作り、それに答えて楽しんでいた。しかし親に勉強ばかりしていると思われると恥ずかしいので、こっそり隠れて勉強していたという奇妙な女の子だった。おかげで、全般的に成績は良かったが、英語だけは絶望的でいつも追試や補習に追われていた。大学受験の時も担任教師に「受験科目に英語がない学校に行きたいです」と言うと「あほ、そんなところあるわけないやろ」と言われ、イヤイヤ参考書を広げた。そして関西の名門大学に合格。

子どもの頃から、彼女の夢はお嫁さんだったので、大学で児童教育学を専攻したのも子育てに役に立つかも、というシンプルな理由。卒業したら高校時代から付き合っていた彼氏とすぐに結婚して、専業主婦になるつもりだった。大学三年も終わりに近づき周囲が濃紺のスーツを着込み企業詣でに勤《いそ》しむ中で、山口は左手の薬指に指輪をつけ、のんびり大学最後の年を謳歌していた。

ところが、とんだ番狂わせが起きる。前触れもなく彼氏と破局してしまったのだ。さあ、大変。お嫁さんへの道は一瞬にして閉ざされ、失意の中で周回遅れの就職活動を始めることになってしまった。

いざ始めても情報収集すらしていなかったので、何をすべきかわからない。家で就職情報誌を眺めるだけで、まったく無為に時間を過ごしていた時に、山口家の電話が鳴った。

「私たち、無料で就職の相談をお受けしています」

オレオレ詐欺並みに怪しい内容なのだが、世間知らずの山口は、「えらい親切な人やな」と感心、本当に就職の相談を始めた。将来何をしたいかわからない、まだ希望の会社がみつからない、面接も受けてない、云々。相手の女性は親身になって話を聞いてくれたあと、

「なるほど。わかりました。これからの女性は英語もできたほうがいいですよ。まずは英会話を習ったらどうでしょう」

という無料ならではの安っぽいアドバイス。当の山口は「英語ですか、なるほど～」と納得。そこで相手は「実は私たちは英会話学校なんですよ。よかったら入会しませんか」と言うではないか。なんだ、営業かと普通はそこで会話は終了するが、どこまでも純真無垢な山口は「おお、いいかも。これからは英語の時代やな」と入会を決意。四十万円払い込めば一年間は授業を受け放題、という「お得な」プランに申し込んだ。レベル分けテストを受けてみると、ビギナーよりさらに下のクラスに入れられたので、己の英語力の低さに改めて愕然《がくぜん》とした。

英会話学校は、通ってみると色んな人と知り合えて楽しい。クラスメイトと出かけたり、バーベキューをしたりと、課外活動に忙しい日が続く。行き放題コースのおかげで、朝から晩まで入り浸り状態。授業に行くというよりも、無料のコーヒーを飲んで、待合いスペースで友人としゃべっていることが多かった。「おまえ、コーヒー代だけで授業料の元をとってるな」とクラスメイトにからかわれていた。

その頃友人と生まれて初めての海外旅行で、アメリカに行った。イエローキャブでニューヨークの街中に入り、天空を指すような摩天楼に圧倒され、「世の中にはこんなものがあるんだ」と衝撃を受けた。世界中の全てを凝縮したような巨大な都市の中に、小さな自分がぽつんといる。これですっかり「取りつかれた」。

山口は、話しながら、思えばそんなこともあったなあ、というような表情になった。

「それまで東京さえも行ったことがなくて、大学だけのすごく狭い世界にいたんだ。子どもの頃から私は日本人として日本で暮らして、日本で一生過ごしていたい、と思ってたんだけど、あれで急に世界が広がった。もっともっと遠くに行ってみたいと思うようになった」

知らない世界を見てみたいという好奇心で、貿易会社に就職。東京勤務の希望が通り、初めて大阪を飛び出した。もちろんこの頃の山口の人生には、国連もパリも世界平和も、何の関係もないものだった。

お嫁さんの夢、再び

その会社は海外出張が多く、山口も新入社員ながら四ヶ月のハワイ出張を命じられた。そこに待っていたのはダイビング三昧というパラダイスな生活。人間関係も良好で、毎日が面白くて仕方がなかった。その頃、関西出身の優しい男性と出会い、社内恋愛も始まった。恋も仕事も順調で、文句のつけようがない二年間は瞬く間に過ぎていった。

しかし彼氏の方は東京の生活に疲れてしまい、ある日上司に「僕、辞めて関西に帰ります」と電撃退社してしまう。その時に山口の頭をかすめたのは「え、私はどうなるの?」。すぐに気を取り直し、山口も「一身上の都合で辞めさせて頂きます」と告げ、関西へ。仕事は面白かったが、未練はなかった。なりたい職業は相変わらず「お嫁さん」だったのである。

慣れ親しんだ大阪に戻り、精密機器のメーカーに転職。給料もアップし、休みも多く、福利厚生も充実した優良企業で、新婚生活に理想的な会社だと考えて選んだと言う。精密機械には興味はなかったが、それはどうでもよいことだった。二人で大阪市内のアパートに入居し、待ちに待った同居生活が始まった。

結婚の条件はこれで揃った。毎日家に帰ると、今日こそはプロポーズかもと一人で緊張していた。しかし、彼は「関西のテレビは、やっぱりおもろいな」などと言ってプロポーズの気配はまるでなし。ある日、夕飯を食べながらテレビを見て笑う彼に、思い切って山口の方から「そろそろどうかなあ……?」と切り出すと、彼はポカンとしたあと、苦い薬でも飲み込んだような表情になり「え、結婚のこと? うーん。まあ、そんなにしたいならしてもいいけど」と後ろ向きな対応。

期待が大きかっただけにショックで、何も言えないでいると、彼は話題を変え、それ以降ピタリと結婚話は出なくなった。心の中に不満の火種がくすぶりだした瞬間だ。

新しく入社した会社の仕事は、予想通りさして面白くなかった。前の会社がなつかしかったが、それも後の祭り。満員電車に揺られる毎日の中で、初めて自分の選択に疑問を持ち始めた。

　私の人生ってなんやねん？

　結婚もしていない。仕事のやりがいもない。会社と家の往復で完結する生活。それは、自分がずっと思い描いていた人生とかけ離れている。どうしたらいいのだろう。そう考えた時に、何かが、ぽっと胸の中で灯った。

「そうだ、外国に行こう」

　それは滑稽なほど唐突で、漠然としたアイディアだったが、彼女は真剣だった。山口が正直に彼に気持ちを話すと、彼も「それは、いい考えだ」と喜んだ。将来は二人で外国で暮らそう、俺もがんばるよと言ってくれた。その明るい未来予想図に山口は熱中し、全速力でダッシュし始めた。山口にとっては、行ければどこの国でもよかったし、どんな方法でも構わなかった。そこで、たまたま見つけた外国で日本語を教えるインターンシップの試験を受けてみたところ、あっさりと合格した。

「あ、私は外国行きの切符を手にしたんだな」とびっくりした。海外生活はすぐ現実のものになって迫ってきた。

アメリカ最高の大学院を目指して

ここまでは、まあよくある話である。そこで初めて彼女は「いや、待てよ」と思った。結果からいうと、山口はこのインターンシップに行くことはなかった。ここから彼女の人生のビジョンは大きく動き始める。

「なんか『わらしべ長者』のような話になるんだけど」と前置きをして、その時のビジョンの進化の過程を語り始めた。

その日本語教師のプログラムの一環として、空き時間を利用して現地の学校に通えることがわかった。一石二鳥なので、「せっかくだから」何か勉強してみようと思い立つ。色々と考えているうちに、「せっかくだから」中途半端な学校ではなく、きちんとした大学に行きたいと思考はランクアップ。調べてみると、山口は既に大学を卒業しているので、四年制大学に三年生から編入することが可能だった。よし、そうしよう、と目標を定め英語の勉強にとりかかった。大学に入学するにはTOEFLといわれる英語の試験で一定以上の点数を取らねばならない。山口は気合を入れなおした。毎朝五時に起床し、NHKのラジオ講座を聴いた後に出勤。通勤途中の電車の中でも英語のテープを聞いて勉強。帰宅すると夕飯を食べ、夜十時から深夜まで再び勉強。それは充実した日々だったのだが、一つだけ疑問に思うことがあった。

彼はいったいどうするつもりなんだろう。一緒に外国に行くつもりがあるんだろうか。山口の目には、彼は勉強しているようには見えなかった。

山口が勉強にドップリとのめりこむにつれ、彼との関係は静かに破綻《はたん》に向かった。二人は将来の話を避けながら、表面だけは平和に日常を送っていた。

「今から思うと、人生の大切なことが全く話し合えていなかった。彼が何を考えているのか、ぜんぜんわかってなかったし、今思うと、わかろうともしていなかったんだと思う。後から彼に、私が一生懸命勉強しているのがプレッシャーだったと言われて驚いたの。一つ言えるのは、彼はとても優しい人だったんです。でも、若かった私はそれだけでは満足できなかった。もっと、いろんなことにチャレンジしてみたかった」

彼の帰宅は日に日に遅くなっていき、ついには家に帰ってこない日まであった。当時の山口が苦しんでいたのかは、わからない。しかし、そういう彼を見返すがごとく、彼女はがむしゃらになっていった。

大学に編入という「アイディア」は、いつの間にか大学院に行くという「夢」にすり替わっていた。すでに大学を卒業しているので、「せっかくだから」修士課程に進みたくなったらしい。「大学院」は、大学とは次元の違う高度な専門知識を身につける研究の場である。しかも、目指すはアメリカ。最初は高尾山のハイキングロードを目指すような気軽さだったのに、いつの間にかエベレスト登頂を目指していた。

さらに言えば、アメリカの大学院は授業料もべらぼうに高い。その頃にはインターンシップ制度のことはすっぱり捨て、もう大学院一本に絞り貯金を始めた。どうせ同じお金をかけて行くなら、「せっかくだから」自分が行きたい大学院に行こう、というように夢は入道雲のようにムクムクとふくらみ続け、彼女は西海岸のスタンフォード大学に狙いを定めた。ハーバード大学と双璧をなすアメリカ最高峰の教育機関である。そこで児童教育学をもう一度学びなおし、政策立案の方から教育に関わる仕事をしようと決意した。それなら、国連なんかもいいなあと漠然と考え始めた。道頓堀から国連へ。非現実的で、身の程知らずな夢をもった理由を山口はこう語る。

「何だかんだ言っても、あたし教育ってものを信じてるんだよね。社会とか人生とかを考える時に教育が果たす役割ってモノを信じてるの。例えば、あたしたちが子どもの頃から受けてる平和教育とか差別をなくそうとか、そういうもののインパクトって実はすごいと思わない？　親の世代と考え方がぜんぜん違うでしょ。そういう自分が信じる世界で仕事したり、考えたりしてるとワクワクするんだよね。だからその世界に行きたかった」

緑の芝生のキャンパスとカリフォルニアの青い空を夢見ながら、畳の上で勉強は続く。さらには英会話を磨くために会話の個人レッスンも受け始めた。

外国に行こうと決めてから五年目の師走、ついにスタンフォード大学院に願書を郵送。結果が出るのは数ヶ月後のこと。これでダメならもう仕方ないと思えるほど、やれることは全てやった。山口は、ただ静かに生活を送りながら結果を待ち続けた。春めいてきたある日、父親から珍しく職場に電話がかかってきた。

「おーい由加里、家にアメリカから何か送られてきたけれど、何が書いてあるかわからへんからそのままファックスで送るで」

心臓が早鐘のように打ち始めた。

合格か不合格か。

この五年間の全ての結果がその一枚に書かれているのだ。

カタカタと音を立てながら吐き出される紙を、すぐには直視することができなかった。

薄目を開けてみると、「スタンフォード大学へようこそ」と書かれた一文が見えた。

しばらくは体が震えて動けなかった。人生が変わる瞬間が来たのだ。

一九九八年の夏、関西空港。サンフランシスコ行きの飛行機に乗る彼女を見送るため、彼は空港までやってきた。それが七年付き合った二人の最後の日となるということを知っていたのだろうか。二人は、じゃあまた、と言いあって言葉少なに別れた。

渡米後、しばらくして彼から手紙が届いた。そこには「帰ったら結婚して欲しい」と書かれていたが、山口は返事を送らなかった。働きながら勉強すること五年。はたから見たら女はただ机に向かい、男は不機嫌な夜を過ごしているだけの日々だったが、水面下では激流が流れていた。

三十歳を目前にして山口はお嫁さんになる夢を捨てた。平和に見える日々の裏側で実はあらゆるものは移り変わり、もう二度と手に届くことはないものになっていたのである。

「私の人生を振り返ると、九八年以前の人生とそれ以降はきれーいに分かれている。九八年までは自分が何をしたいかわからなかった。貿易会社を辞めてから九八年までずっと空白期間。やりたいことをやってない。むしろ後退しちゃった。大学院に入ってやっと軌道を修正できるんだって思って、それは嬉しかったなあ」

確かに山口はアメリカで人生を修正した。ただし、思ってもみない方角に。

パリの恋人

見渡す限り真っ青な空の下、芝生が眩しいキャンパスの一員となった。何もかも目新しい毎日にワクワクしていたのはほんの束の間で、すぐに前以上に勉強に追いまくられる生活に突入した。

アメリカの大学はとにかく厳しい。毎日出される山のような課題だけで手一杯なのに、授業中には自分の意見をしっかり言うことが求められる。人前で話す訓練を受けていない典型的な日本人の山口は、最初のプレゼンテーションの日、緊張でガチガチになった。その前日におばあさんが亡くなったことが精神的な追い討ちをかけ、とてもプレゼンができるような状態ではなかった。見かねたクラスメイトが「ユカリ、もうできないって今から言っておいたほうがいいよ」とアドバイスをしてくれた。しかし、今頃きっとおばあちゃんが見てる、と信じながら、一言ずつ絞りだすように話すと、終わったあとにクラスメイトがみんな自然に拍手してくれた。

そんな良い思い出もあるが、結局のところ学校は苦労の連続だった。本当に卒業できるんだろうかという不安を抱きながら、とにかく毎日深夜まで辞書と本と格闘した。

その頃、勉強ばかりの味気ない生活に、ポッと光を灯した人がいる。大学院に入学する準備として通っていた英語学校で出会った、フランス人留学生だ。

「彼は、頭の回転が速くて、すごく面白い人だった。一緒にいると楽しかった」

山口は、彼に惹かれた。彼は三十代という若さで博士号を二つもっている上、弁護士と会計士の資格も持っているという超エリートで、文句のつけようがなかった。ところが、彼は二人が出会った後すぐにフランスに戻ってしまい、大西洋をまたぐ超遠距離恋愛が始まっていたのだった。

電話で話すたびに彼は「パリに引っ越しておいでよ」と誘ってくる。呪文のように囁かれ続ける間に、パリかあ、それもいいかもなあと考え始める自分がいた。とはいってもフランス語は「ぼんじゅーる」しか言えない山口が、フランスで何ができよう。英語を習得するだけでかれこれ十五年くらいかかっているのだ。すると彼は「それならパリのビジネススクール（MBA）に行ったらどう？　MBAなら授業はほとんど英語だし」と提案してきた。そんな安易な。しかしそこはやっぱり山口、仕事より恋を選ぶ女。フランス行きたさに、MBAに行くことをあっさりと決意。ビジネスなんてまるで興味がなかったのに、取りつかれたように「ビジネススクールに行きます！」と宣言する山口を見て、周りの人々は「オマエは、アホか⁉」と呆れたが、まるでへいちゃらだった。辞書を引きながらフランス語での出願書類を読み、エッセイを書き、先生に推薦状を書いてもらい、面接用のプレゼン資料を準備する。

クリスマスも近づいてきた冬の日、学校の下見をかねて、愛しの彼を訪ねるために初めてパリを訪れた。真冬のパリは、体の芯まで凍えるような気温だったが、数ヶ月ぶりに彼に会える嬉しさで、足取りはフワフワと軽い。

私が「初めてのパリの印象は？」と聞くと、山口は困ったなあという顔で「パリ？　えー、別に。何も思わなかった。ていうか、あんまり覚えてないんだよね」と答えた。

この一連のインタビューの中でパリに何の印象も持たなかった、と断言したのはこの人だけである。それもそのはず、彼女はパリを楽しむどころではなかった。パリの恋人には、実は山口以外の本命の彼女がいることが発覚するのである。あげくの果てに彼は、はるばる大西洋を越えてきた山口を置き去りにして、その彼女と二人で旅行に出かけてしまう。泊まる家もなく、話す人もおらず、ただフラフラと凍てつく街を歩いた。周りを見回せば、目に入るのは幸せそうな家族やカップルばかり。

「ショックで、惨めで。あまりのことに、涙さえ出なかった」

カフェのトイレに入ったら便器が真っ赤に染まった。ストレスで血尿が出ていた。それでもMBAは諦めなかった。

「ただ、もう引けなかっただけだけどね。だって願書も推薦状もプレゼンも全部もう用意してあって、周りの人にもMBAに行くって言っちゃったし。もう意地で」

最悪の印象を残してパリを去った数週間後、フランスで最高のビジネススクールから合格通知がやって来た。山口はスタンフォード大学を卒業するやいなや、あれだけ恋焦がれたアメリカをたった一年で去り、パリに引っ越すことにした。

恋と国連の忙しい日々

　彼とは別れたがビジネススクールを卒業していっぱしのキャリアウーマンに成長、というのなら話は美しく収束するが、そこはイバラの道を選ぶ一途な女。パリに渡った後もいい加減な彼を追いかけ続けたというので、私は驚愕《きょうがく》した。

「フランスに到着した時も、彼は例の彼女と旅行中でパリにいなかったの。まあショックだったけど、もう二回目だから大して驚かなかったかな」

　その後も彼は優柔不断に二股をかけ続け、どっちつかずの関係が続いていた。

「でも別れようとは思わなかったなあ。今考えると彼のどこが好きだったのかなあ。彼って母性本能をくすぐるんだよね。頭はいいけど大人になりきれてなくて、人間としての生活能力はすごく低いの。普通の人が気がつくことが、彼にはわからない。学歴はすごいのに、生活して生きる力がない人だったよ。だから、別れられなかった。だんだん、恋人じゃなくて母親になっていったんだと思う。でも、それって健全な付き合いじゃないよねえ。彼ってさ、弁護士だの会計士だのいろいろ資格を持ってたでしょ。それもその資格を持っているということが大切で、その資格を使って何かをやりたかったわけじゃないの。そういう人だったな」

　フランス語能力ゼロのままで来てしまったので、単純な日常生活も覚束ない。入学してみると、MBAの授業は英語とフランス語の両方で、「毎日がいっぱい、いっぱい」。将来のことや、彼との関係を考えている余裕などないままに毎日が過ぎる。周りのフランス人の親切と、持ち前の勤勉さでカリキュラムをこなし、ビジネススクールを見事に卒業した。その頃、彼はついにもう一人の彼女と別れ、山口と一緒に生活することを決めた。彼は料理も家事もしてくれなかったが、山口は一緒にいられるだけで嬉しかった。

時を同じくして、ついに山口は国連に潜り込むことに成功する。卒業前に申し込んでおいたインターンシップ枠に採用され、パリの事務所で研修生として働き始めた。長年の夢に向かって晴れて歩き出す瞬間、だったはずだった。ところが皮肉なもので、与えられた仕事は「まったく、しょうもない仕事」。事務所ビルの一階ロビーで開催されている展示物のパンフレットを、通りかかる人に配るだけ。難民や戦争と立ち向かう国連の中では、底辺中の底辺の仕事だ。

来る日も来る日もずっとパンフレットを手に立ちっぱなし。一時間近く誰も通らないこともあった。慣れない長時間の立ち仕事で足腰がジンジンと痛む。本来、インターンシップというものは、無給の労働力を提供するかわりに「得がたい社会経験」を得るというものだ。二つも大学院を出て、ティッシュ配りのような単純作業は全く割に合わない。一緒に採用された他の学生は怒って辞めてしまったが、山口は続けた。そこしか行く場所もなかった。

「でも、結局これで運が拓《ひら》けたんだよね」

毎日同じ場所にぽつんと立つ若い東洋人を見かけて、同じ日本人のスタッフが何人も「あれ、日本人？」「大変そうだけどがんばって」と声をかけてくれた。中には幹部クラスの人も混じっていて、「今度オフィスに遊びにおいで」と言われた。さっそく訪ねて行くと、親切に仕事のことを教えてくれ、他の同僚に紹介してくれた。それがきっかけとなり、アルバイトのような仕事を請け負うことになった。給料はとても安かったが、飛び上がるほど嬉しかった。

ところがビジネススクールを卒業すると、学生ビザが切れてしまうという次なる問題が発生した。ビザがなければ帰国するしかない。結婚というオプションもないこともなかったが、彼はその気があるのかないのか、「それなら、まだ学生でいれば？　博士課程に行けばいいよ」と言う。決して勉強を続けたかったわけではなかったが、ビザのためならばと納得した山口は、今度は教育関係の別の大学院の博士課程に進学することに。国連の仕事をこなしながら、三度目の大学院生ライフ。二足のワラジをはき、常に駆け足で走り回る日々の中で、家事全般をこなすのはやっぱり山口。いつの間にか、共同生活に関わるフランス語での交渉ごとまで山口の担当に。おかげで、友人と遊びに行くことはおろか、散歩やショッピングだって滅多に行けない。ああ、涙ぐましい。

手のひらには仕事が残った

　その後山口は、真面目な仕事ぶりが評価され、短期の仕事からより長期の契約にと順調にキャリアの階段を上がっていった。働き始めて五年目には、宝くじのような倍率を突破しついに正規職員として採用される。タダ働きから始まった給料も年収一千万円近くになった。年金も、福利厚生もついている。不安定な生活から脱出し、やっと落ち着いて生活できそうな見通しが立った。やっと、ちゃんとご飯が食べられる、これで一生お腹をすかせなくてすむとほっとしたという。

「仕事にはすごく満足している。やりがいを感じてる。日々のレベルの仕事ではつまらないこともたくさんあるけどね。下らないことに時間使ったり。でも結局仕事なんてどこで働いても一緒でしょ。毎日メールを書いたり電話をしたり。でも違いは結局自分がやっていることが何に貢献しているか。日々やってることはしょうもないことでも、それが何か大きなものにつながってる。自分は確かに正しい世界にいるって知ってることが大切。だからずっと働きたかった組織にこられたのは幸せだな。自分たちは世界の流れのトップにいるっていう感覚はすごいよね」

　そうして山口は、今まで「国連職員用パスポート」を携えて行ったアジアやアフリカ、アラブ諸国の出張での苦労や面白いエピソードを話してくれた。仕事の話をする彼女はとてもしっかりしていて、嬉しそうだ。職場でも、ぎりぎり精一杯までがんばっているのであろう姿が容易に想像つく。

二〇〇七年には、ついに山口は教育学で博士号を取得。フランスに来て十年近くが経ち、やっと「おしん」のような日々が終わった。彼と一緒に日本に旅行に行き、実家でお正月を一緒に過ごした。親戚には「そろそろ結婚して子どもでも作ったら」と急《せ》き立てられ、それもいいかもなあ、と考え始めたある日、山口は信じられない光景を目にした。いつものように帰宅すると家の中が妙にスッキリしている。あれ？　なんか変だ。家具が、家財道具がなくなっている。

泥棒？　いや違う。まさか嘘でしょ……。

なんと、彼が予告なしに忽然《こつぜん》と出て行ってしまったのだ。どうして、という言葉だけが頭の中をぐるぐる回った。薄暗い部屋で呆然とへたり込んだ山口には、彼がどこに消えたのか、見当すらつかなかった。

「別れ話とかはぜんぜん出ていなかったし、前の日も普通に過ごしてた。だから、理由なんてわからない。でも、私の仕事が軌道に乗るにしたがって、彼とは段々とうまくいかなくなっちゃったみたい。いつの間にか私の方がうまくいっちゃって、焦ったのかも。それに残業も多くてご飯とか作れない日も多くなったから、寂しいって言われたことがあったの」

その日を境に彼は家に戻ってこなかった。八年という長い共同生活はもう夫婦のようなものだったので、この別れ方には山口もその周囲も唖然とした。大変な時期を支えあうのが夫婦だとしたら、彼は全く結婚に向いてない男だったのかもしれない。

その後山口は二人が長く暮らしたアパルトマンを出て、今の部屋に引っ越してきた。しばらく経つと「ごめん」という無数のメールやメッセージが届くようになった。それもすべて無視した。全てを許してきた女が最後に見せた意地である。メールを見るだけで心臓がぎゅうと痛くなるような時期が続いたが、それを過ぎると「もういいや」と思えるようになった。

最近は自分ペースの心地よい一人暮らしを楽しんでいるという。今の部屋の家賃は二十万円以上だが、一部は国連が負担してくれる。仕事から早く帰れる日は友人と近くのビストロにご飯に行くか、家でゆっくりと歴史小説を読む。週末は近くのマルシェで野菜を買い、自分のために日本食を作る。時には友人たちと車でフランスの田舎を旅することもある。家事にも、仕事にも、勉強にも追われない日々はあまりにも久しぶりだ。

恋って一生懸命やるものじゃない

山口はこれまで十年以上もパリに住んでいたにもかかわらず、マレ地区にもルーブル美術館にも行っていないし、近所の公園を散歩したこともなかった。今はそういう普通の生活をやり直している。今になって、パリはいいなあ、と思うようになったという。先日は友人とセーヌ川を下る観光船に乗ってみた。オルセー美術館、ノートルダム大聖堂にサン・マルタン運河。船から見るパリは、知らない場所ばかりだった。

「私ね、仕事でも恋でもすごく一生懸命がんばってきたから、もうあんまりがんばりたくない。今まで焦って力みすぎてたの。だから人に迷惑をかけてた。心に余裕をもって色んなことをしたい。そうするには自分の力で食べていけることが大事だと思ってるんだ。仕事は諦めなければいつか結果が出て達成できるけど、男の人との関係は努力しても望む結果は出ないってことがわかったんだ。それに、そもそも恋って一生懸命努力してやることじゃないよね。次は自然にうまくいく人と付き合っていきたいな」

とっても可愛い人なのだ。私から見たら、山口ほどお嫁さんにしたい女性も珍しいくらい。明るくて裏表がなく、気配りができるのにおおらかな性格。家の中はきちんと整頓され、友人の家に招かれてもすぐ台所に立つような人。世の男性は見る目がないのか、山口が好んでダメ男ばっかり追いかけてしまうのか。どうも後者なようだが、最近の彼女は今までと違う新しい恋をしているらしい。

「もう私は学歴も信じない。家も職業もお金も。それより生きる力を持ってる人がいい。今好きな人はすごい生きる力を持っていて、賢い人です」

よく聞いてみると、その彼は、これまた東南アジアに住んでいて、その後もまた転勤する可能性があるとのこと。「彼が遠くに転勤したらまた仕事を辞めてついていくの」と聞くと、幸せそうにふふと笑いながら、「もう絶対に行きません！　だって国連から年金もらうつもりなんだから」と断言する。でも、やっぱり行っちゃうんじゃないのかな、なんて突っ込みたくなる。恋も愛もない生活は山口には似合わない。

「もう結婚とかはどうでもいい。でも、いつか子どもが産みたくなった時のために、卵子だけ凍結しておきたいな」とのことだった。

こうしてインタビューしてみて、つくづく嬉しくなることがある。この人は別にスーパーウーマンでもなく、ごく普通の人だということだ。こんな言い方失礼かもしれない。でも、本当に誰でも山口みたいに国連で働いたり、石畳の道を愛車で疾走したり、外国で恋をする自由と共に生まれてくる。山口だってこう言っている。

「目指してやってみたら、できちゃった。気づいたらパリにいた」

がんばるための原動力は意外と「好きな人と幸せになりたい」くらいのものなのかもしれない。その爆発的なエネルギーは、時として想像もしていなかった世界に導いてくれる。そうやって、どこにでもいる普通の大阪の女の子が、博士号を持って外交の現場で働いちゃっているんだから、人生は素敵だ。

17区

モンマルトルのふもとから
フランス全土へ

三度海を渡った鍼灸師

サクレ・クール寺院が見守る街で

パリに住んでいると、よく小さなトラブルに遭遇する。小包は行方不明になるし、自動販売機からジュースは出てこないし、アパートの水道管は破裂して、車は信号無視、地下鉄はストライキ。そういう時、日本人的な感覚がひょいと顔を出し、つい「パリってありえない！」と叫び出したくなる。しかしセンセイが遭遇した数々の厄介ごとを聞いていると、自分の修行の足りなさが身にしみる。

「フランスでは何か一つの新しいことをやろうとすると、三つも四つも問題が起こるわけ。それをクリアしないと前に進めないからさ」

ピンクのセーターを着こんだ岩岡博先生は、咄家《はなしか》が面白い小話でもするような顔をした。先生はいつ会ってもリラックスしている。健康そうで無駄な贅肉がないからか、とても五十代も半ばには見えない。傍らには歌うような声をした奥様の基久乃さんが、笑顔でちょこんと座っている。

「私たちは色んな経験をしてきたから、こっちがダメならばこうやってみよう、とか知恵がついてきて」

確かにそうでしょう、と二人のフランス生活を知る私は納得する。先生といっても、パリで開業する鍼灸指圧治療院のセンセイだ。

その治療院は、パリ北西部の十七区にある。西に行けばシャンゼリゼ、東に行けばモンマルトルの丘というエリア。つまり犬を連れたマダムが散歩する高級住宅地と、アダルトショップが建ち並ぶ猥雑な繁華街の中間に位置しているのだ。この街はセンセイらしいなあと思う。柔軟でたくましく、周囲の雑音に流されない人の場所。

空が青く輝いているような六月の朝、センセイに話を聞くために治療院に向かった。地下鉄ローム駅で下車し、空気がぬるく淀《よど》んだ地下から階段を上がる。外に出たとたん、何かの気配を感じたような気がしてふと見上げると、モンマルトルの丘の上から白亜のサクレ・クール寺院が人々を見守っていた。寺院が建つその丘から、かすかな風が吹いていた。

この街に住めば、毎日をこうやってスタートできる。それだけで、日常が少し特別になるんだろうな、と思いながら再び歩き始めた。治療院は駅のすぐ近くにあった。

治療院といっても、広いアパートの一室を改造したシンプルな空間である。パリらしいクラシカルな建物の最上階にあり、開いた窓からは屋根の連なりが見える。壁はペンキで真っ白に塗られ、床は白木のフローリング。壁には藍の染物のタペストリーが掛かっていた。センスの良い家の居間のような空間の中心にあるのは、一台の治療用ベッド。

ここに様々な人が訪れる。若いビジネスマンから政治家、アーティストやスポーツ選手、音楽家、バレリーナ、ダンサーなど幅が広い。みんな平等に「どこに行っても治らなかった」という体の痛みを抱えてやってくる。ここが最後の治療院になるといいなあ、と願いながら。

失われた夢をもう一度

センセイがここに治療院を開いたのは今から数年前のことで、当時の年齢は五十歳。サラリーマンなら管理職、専門職なら指導者クラスにさしかかる頃。つまりキャリアも最終局面に入り、引退を視野に入れる頃である。センセイも日本ではベテラン鍼灸師であったが、他の人と異なることといえば、ある日、身一つでフランスにやってきたこと。それまでの顧客や治療院を清算し、右も左もわからぬ外国で治療院を開くとは、一世一代の賭けであったに違いない。

「ううん、ぜんぜん。すごくキラクな気持ちで来たよねえ。だってダメなら帰ればいいわけだし」

隣町にでも行くような調子で言うので、私は拍子抜けした。

正確に言うと、センセイが渡仏したのは今から十年前で、場所はパリではなく南フランスのアンティーブという小さな田舎町である。パリに来る前の六年間をそこで過ごした。一年中太陽が降り注ぐ海辺のリゾート地だが、鍼灸院を開業するのに適した場所なのかはわからない。パリやマルセイユという大都市をあえて避け、アンティーブを選んだ理由は何だったのだろう。

「あの辺り、なんか住みいいかなあって思って。イタリアにも近いし。僕、イタリアが好きだから」

全財産を賭けた一番勝負にもかかわらず、確固たる計画はなかったらしい。ちなみに軍資金は。

「それまでは稼いだお金はぜんぶ使っちゃってたけど、フランスに行こうって決めてから、一年間節約して四百万円貯めたよ。それも最初の一年半で全部なくなったけどね」

バックパッカー並みに軽やかな生き方に、奇妙な感動を覚えつつ、私は質問を変えた。

「そもそも、センセイは何でフランスに来たんですか？　フランスでの目標は？」

「それはね、南仏で楽しく暮らしてみたかったってことかな」

少し面食らった後に、そうかと納得した。そして雨上がりみたいに清々しい気持ちが広がった。いい大人になって「楽しい生活をしたい」なんて日本で言ったら、眉をひそめられそう。でも本当は私だって、いつも思っている。楽しく生きたいと。でも恥ずかしくて、つい目標や将来設計を語ってしまう。

生きるとは、実はとてもシンプルに考えてよいのかもしれない。センセイの周りの空気は、透明だった。

ただし。楽しく生きるにも色々と地道な努力が必要だし、壁にぶち当たることもある。無計画にブラリと移住して来たセンセイが思い描いていたゴクラク生活は、次々とトラブルに見舞われた。当然、自動販売機からジュースが出てこない、とかそういう問題ではない。

実はセンセイは、若い頃にもフランスに住んでいたことがある。三十年前のことだ。高校を卒業した岩岡青年は大学には進学せず、サウナでバイトして貯めたお金を軍資金に、世界放浪の旅に出た。インターネットも『地球の歩き方』も存在しない三十年前の旅は、沢木耕太郎の『深夜特急』のようだったに違いない。中でもフランスは気に入って、長く滞在した。

「色んな国に行ったけど、大体はブラブラしていた。まだ自分のやりたいことを見つけられなくてねー。南フランスでは画家や音楽家の友達がいっぱいできたなあ。貧乏でフランスパンかじりながら創作するみたいな日本人がたくさんいてね。そいつらが羨《うらや》ましくてねー。僕もフランスで自分のやりたいことを見つけたかったのに、結局なんにも見つけられなかった。

皿洗いばっかりやってたな。皿洗い、きつかったけどねー」

四年にも及ぶ放浪生活を終え日本に戻ると、美術系の出版社で働き始めたが、上司と合わなくて退職。次に何をしようかという時に思い出したのが、放浪前のバイト先であるサウナでの経験だった。岩岡青年はサウナではウエイターをしていたのだが、お客さんたちが汗をかいた後にマッサージや指圧を頼むのをよく目にした。興味を持った岩岡青年は指圧師と仲良くなり、手が空いた時に基礎的なテクニックを教えてもらっていた。

「そういう仕事なら面白いなって。指圧は日本のものだから、人種の面でも馬鹿にされないのもいいと思ってさ」

初めて見つかった「やりたいこと」を追求するために、鍼灸の学校に入った。そこで人生の師となる反町氏と出会う。彼は鍼灸界の「知られざる名人」で、体のゆがみを鍼《はり》で直すというオリジナル・メソッドを開発しようとしていた。反町氏は一言で言うなら「丸くない人」だったが、真剣に治療と向き合っていた。岩岡青年は、生き迷っていた時間を取り戻すように鍼灸と反町メソッドの世界に没頭していった。そしていつの間にか、「鍼灸を世界に広めたいなあ」と考えるようになる。

学校を卒業すると、今度は鍼灸の伝道師として再度フランスの土を踏んだ。選んだ場所はナンシーというドイツに近い街。ナンシーは、アールヌーヴォーの中心地として、またガラス細工で有名な美しい街で、放浪時代のフランス人の友達がたくさん住んでいた。

「ところが、フランスでは鍼治療には医師免許が必要という法律があって、実際は何もできなかったんだよ。すごく環境の良い綺麗な街にいたのに、やることなくてさ。うまくいかなくて。なんだか寂しかったなあ」

行きあたりばったりの伝道師は、九ヶ月後、失意の中で日本に帰国した。二十五年前のできごとである。


海外生活はすっぱりと諦め、鎌倉の鶴岡八幡宮の近くに鍼灸治療院を開業。お客さんは順調に増え、毎日が面白かった。健康と美をあらゆる面から追求するセンセイの興味は、エステ、メイク、料理、オイル・マッサージといった分野にも広がっていった。エステティック界で最も権威のある国際資格、CIDESCOのライセンスを、日本人男性としては六番目に取得。時には治療院を一時閉めて、タイにタイ式マッサージを習いに行ったり、イタリアに語学留学することもあった。

「鎌倉は楽しい時間だったなあ。友達はたくさんいるし。お金も時間もあって旅行もできるし」

忙しく充実した生活は瞬く間に過ぎ、気づけば十五年が経っていた。やりたいことは何でもできる生活で満足していた。いや、満足しすぎていた。

気づけばやりたいことは、全てやりつくした。そうして思い出されたのは、フランスだった。

「前にフランスに住んだ時はぜんぜん楽しくなかった。だから、もう一度フランスに行って楽しく生活したい。それをやらなければ絶対に後悔しちゃうな、と思って」

誰もがそういう感覚を持っている。いつか海辺でカフェを開きたい。アメリカを車で横断してみたい。イルカと泳いでみたい。人によって違うけど、多くの人が語るに足らない想いを記憶のどこかに持っている。でも、たいていの人は日常の渦に飲みこまれて、それが何だったのかさえも忘れてしまっている。

センセイは忘れなかった。

パラダイスな清貧ライフ

アンティーブに来たのは一九九九年の初頭。取得したビザは学生ビザ。まずは言葉をマスターしその後、小さな治療院を開いて楽しく暮らしていく、それがビジョンだった。フランスに到着した彼がまず起こした行動は。

「あのさ、土壌改良剤ってあるじゃない？　あれで、何かできないかなって思って」

と言い出したので、話を聞いている私は少し混乱し始めた。

センセイ、鍼はどうなったんでしょうか？

「いや、すごいんだよ。反町先生がね、新しい土壌改良剤を開発したの。日本で実験したらうまくいって、野菜がすごくおいしくなったの。だからさ、最初は治療院開くコネもないし、僕はワインが好きだから、その土壌改良剤でおいしいワインを造れたらいいなあって思って」

さすが、楽しく暮らしたい人は、何かフシギな筋が一本通っている。彼はブルゴーニュ地方にある世界的なドメーヌ（ワイナリー）を十五ヶ所ほど一方的に選抜し、フランス語で手紙を書いた。あなたのワインをもっとおいしくしませんか？

数百年という伝統を持つドメーヌが、どこの馬の骨ともわからない日本人に返事を出すだろうか。答えは驚いたことにイエス。世界屈指の三つのワイン・シャトーが返事を送ってきた。

「ぜひ、お願いしたい」

それからは学校の合間に、ブルゴーニュ地方にいそいそと通い、ワイン畑の一角に土壌改良剤を撒《ま》いた。果たして、奇跡のブドウができるのか。みんなの期待を一身に受け、ブドウの試食が行われた。成功すれば特級ワインが飲み放題、おまけに生活費も出て、極楽生活が待っている。

「それで、本当においしくなったんですか」

私は身を乗り出した。

「あんまり、変わらなかったね〜。考えてみたらさ、特級ワインとか造っているところって、もともとミネラルが多い良い土なんだよねえ！　それに、特級ワインって最初からすごくおいしいから、さらにおいしくするって難しいんだよね」

とのことであった。

にわかワインコンサルタントは廃業し、餅は餅屋ということで治療院を開くことに。開業医や弁護士などが入居するビルの一室を借り、自分でペンキを塗り、ベッドを購入して開業。鍼灸というものがどれだけフランス人に受け入れられるのかは未知数だった。

「それで、患者さんはどれくらい来たんですか？」

「それがね、三ヶ月で三人だけ。しかも、そのうち二人は知り合いの知り合い。だから、実質は一人だけ！」

いかにも面白そうに言うので、私も失礼ながら笑い出してしまった。

というわけで、治療院は三ヶ月であっけなく閉鎖。「アンティーブじゃ可能性はないな」と、センセイは潔く諦め、次の手を考え始めた。気になることといえば、この頃には手持ちの貯金が心細くなっていたことである。

そんな折に、新たなビジネスの話が舞い込んだ。いつものように家賃を不動産屋に届けに行くと、従業員の女性が「ムッシュー・イワオカに興味を持っている人がいる」と告げ、電話番号を渡された。さっそく電話をしてみると、相手の男はマルクと名乗るフランス人男性。

「健康や美容に関する総合的な専門家養成学校を開く計画があるのだが、ぜひ指圧教室を担当して欲しい」

と礼儀正しく話し始めた。センセイは「おお、いいじゃんと思った」そうだ。相変わらず軽いノリだが、これが嵐の予兆だった。

会合に出席すると、ヨガ、エステ、アロマセラピー、カウンセリング、栄養士や薬剤師など、志を一つにした十人ほどのエキスパートが集まっていたのでワクワクした。話し合いを重ね、具体的なアクションに落とし込んでいく。しかし、間もなく問題が発生した。構想は素晴らしいのだが、開校に必要な資金が集まらない。意見が合わないメンバーが一人やめ、二人やめ、ふと気づくと発起人のマルク、その恋人の整体師、薬剤師、そしてセンセイの四人だけになっていた。

「僕は、去ったからって何があるってわけじゃないし、やってみようかなと思ってさ」

健康管理の専門家養成学校は、なしくずしにムッシュー・イワオカの指圧師養成学校に取って代わった。他の三人はマーケティングや事務など裏方担当をすることに。ちょっと言葉が不自由な外国人が唯一の講師という風変わりな学校が始まった。しかし内容は二百四十時間の講習という至って真面目なもので、鎌倉時代の幅広い知識をふんだんに詰め込み、充実した内容になった。最後まで講習を終えた人は、修了証がもらえる。センセイはその後、この講座に「ミオ・エネルジェティック（ギリシャ語の筋肉とエネルギーという言葉に由来）」と名付けた。しかしながら……。

「学校が始まったんだけど、今度はさ、さっぱり生徒が集まらなくてさ〜。まったく困ったよ」

考えてみれば指圧が認知されていない国で、指圧師を目指す人は多くはなさそうだ。大量にパンフレットを配ったが、それを見て来た参加者は一人だけということもあった。採算がとれないということは……。

「いやあ、要するにタダ働き」

世間一般では今こそ諦める場面だが、センセイはしばらく続けてみようと思った。こんな状況こそチャンスと捉えたセンセイは、えらくポジティブである。それに、教えることは、直接誰かを治療するのとは、違う次元の可能性がある。大きな池にポチャンと投げてみた小石が波紋を作っていくように、指圧がフランス全土に広がっていく風景が見えていたのかもしれない。

しかし、ついに貯金は底を突き、日々の生活費にも事欠くようになり、今度は日本に「出稼ぎ」に行くことを思いつく。飛行機に飛び乗り、日本で昔のクライアントの治療を目一杯して短期で荒稼ぎし、またフランスに舞い戻るというハードな生活が始まった。同時に南仏だけではなく、他の地方都市でも出張講座を開始。日本とフランス各地を縦横無尽に行き来する曲芸のような生活を続けているうちに、いつしか三年という月日が経っていた。

成功の兆しとさらなる受難

センセイが南仏で崖っぷちに立たされている頃、パリではすし屋が軒《のき》を連ね、人々は「futon」と呼ばれる畳《たたみ》ベッドに寝るようになり、ブロンドヘアの若者が漢字柄のTシャツを着て、公園にはヨガを習う集団が出現。この頃、フランスのカルチャーシーンに空前のアジアブームが訪れていた。石の上にも三年とはよく言ったものである。時代の大きなうねりと学校の努力が実を結び、いつの間にか〝Shiatsu〟もフランスで認知され始めた。

四年目に入ると教室の参加者は目に見えて増え、いつしか学校経営は完全に軌道にのっていた。「ようやく生活ができる」と実感し始めた矢先。実は彼の与《あずか》り知らぬところで、別の問題が水面下で進行していた。マルクと薬剤師がエッセンシャルオイルや香水の開発のためにラボを作っていて、気づけば巨額の借金ができていたのである。センセイが旅芸人のように稼ぎ出した指圧学校の利益は、全て借金返済に充てられていた。あまりの理不尽さに、温厚なセンセイも腹を立てたはずだ。基久乃さんは、可愛らしい少女のようにぷっと頰を膨らませてこう言う。

「岩岡はわかりませんが、私は苦々しく感じてましたよ。だって、一生懸命働いて得た資金が、全部そっちに流れてしまって。お金もぜんぜんなくなっちゃって」

センセイと知り合ったばかりの頃、私は二人を長年連れ添った夫婦だと思い込んでいた。多くの苦楽を共に乗り越えてきた感じがしたからだ。しかし、実は二人は南仏に来てから出会ったことを後から知った。南仏に来る前の基久乃さんは、東京のＩＴ企業のシステムエンジニアとして、二十四時間戦う日々を送っていた。

「ある時、大きいプロジェクトが終わって、長期のお休みをもらえることになって。希望はありますか、と聞かれた時にフランスに語学留学したくなっちゃって」

たまたま選んだ学校はアンティーブにあった。そして彼女のホームステイ先のお母さんが開催したパーティで二人は出会った。

最初に出会った時、基久乃さんは、彼をお金持ちだと思ったらしい。当時センセイが住んでいたのはえらく豪華なアパートだった。リビングだけで百平米以上、テラスは三十平米。

目の前に広がる広大な森のような庭には青いプールが満々と水を湛《たた》えている。

「今思うと勘違いだったんですけどね～」

実はそのアパートは大富豪の持ちものだったのだが、泥棒対策を兼ねて「ぜひ先生のような信用できる人に住んでもらいたい」とオーナーたっての希望で破格の値段で借りていたものだった。アパートはともかく、彼女はセンセイのライフスタイル自体に好感を抱いた。

「私は、日本ではすごく忙しい生活で、いつも納期、納期！　とか言っていたのに、プールで泳いでテラスでお昼食べて、夜は月を眺めて。会議とか納期とか全て忘れて。あんまり良いところなんで、つい長居したくなっちゃいました」

留学が終わると基久乃さんは日本に戻りしばらく職場に復帰した後、本格的に休職。そして二人は結婚し南仏での新婚生活が始まった。

「豪邸に住んで、昼間からブラブラしている私たちを見て、優雅ねえって人は言うんだけど、実情はぜんぜん。働いても、お金が入ってこないから生活が大変で。ぜんぜんセレブな生活じゃなかった」

基久乃さんは、コロコロと笑う。

それにしても、センセイはなぜこんな詐欺同然の職場に勤め続けたのか。

「俺も騙されていることはわかっていたんだよ。でも、まだ完全に学校を辞めてしまう時期じゃないと思って」

やっと芽を出し始めた学校を今放りだすわけにはいかない。センセイは粘り強く「そろそろ給料を払って欲しい」と交渉をしていた。そのたびにマルクは「もうちょっと待って。絶対に払うから」と繰り返すばかり。やっぱり辞めようと思うたびに、辞めることはいつでもできると自分に言い聞かせた。

長い話し合いの結果、ようやく給料は月二千二百ユーロ（当時レートで約三十万円）に決まった。今までの貸しを考えると決して充分ではなかったが、ゼロよりマシである。しかし、そこにも落とし穴があった。地方での出張講座は交通費や宿泊費など、色々と経費がかかるのだが、「とりあえず立て替えておいて」とマルクは言う。給料から経費を引くと、手元に残るのは僅《わず》か千ユーロ（当時レートで約十三万五千円）。政府が決める最低賃金以下である。

この頃、センセイを静かに落胆させていたのは、治療する患者さんがあまりいないことだった。南仏はリタイア後の老人が多いのでニーズはありそうなものなのだが、文化的には保守的で、鍼や指圧のような代替医療を受け入れるカルチャーがない。年金暮らしの人も多く、保険が適用されない治療は敬遠されがちだった。治療院を開くなら、やっぱりパリしかないかな、とセンセイは考え始めた。

そんな中、パリ行きの背中を押す二つの素晴らしいニュースがあった。取得するのが難しい「十年カード」が下り、少なくとも今後十年はビザの心配がなくなったことである。十年カードは、一度取得してしまえば自由に開業や転職ができるビザだ。もう一つのニュースは、何年も執筆を続けていた本が完成したこと。内容はミオ・エネルジェティックの理論体系を纏めたものだ。これが出版されれば、治療が広く認知され、患者さんも増えるに違いない。

パリに行こう、今だと思った。基久乃さんは「やっとマルクと縁が切れるのね」と喜んだ。ついに二人は一路パリを目指すことに。二〇〇五年の夏のことである。


メソッドを取り戻せ！


モンマルトルの丘が見える街に新しい治療院を開き、二人の新生活の目処《めど》が立った。センセイがマルクに「学校は辞めるよ」と伝えてしばらく経ったある日、岩岡夫婦のもとに、マルクから一通の手紙が届いた。それは、謝罪の手紙……などではなく、脅迫状であった。「イワオカの言動が不適切なために顧客を逃し、損害を被った」「生徒の女性と食事に行った」など事実無根の話が並んでいた。センセイを学校に縛り付けておくための苦肉の策であった。

「これには、さすがの俺も切れてさ〜」

センセイはのんびりとした口調で、ちょっと怒ってみせる。

「詐欺師みたいなマルクのやり方はわかってましたから。思いっきり脅した後に、急に優しくしたりしてくるんです」

甚久乃さんも言っている内容は厳しいのだが、性格なのか、あくまで朗らかに話してくれる。

私はこの後の話の展開にかすかに緊張しながら、なみなみと注がれた紅茶をゴクリと飲んだ。

「そちらがそのつもりならと思ってさ、マルク個人と学校を訴えたんだよ」

二人を舐《な》めきっていたであろうマルクにとって、告訴は青天の霹靂だったに違いない。

弁護士には「裁判にはたぶん勝てるけれど、もともとマルクには財産がないみたいだし、学校も倒産してしまうだろうから、お金は取れないよ」と忠告された。それでもいいと裁判に踏み切ったのには訳がある。その頃二人は、パリの指圧協会と協力し、新たな指圧教室を開校しようと計画していた。すでに教授法も学校運営もマスターしていたので、成功させる自信はあった。しかしそれには、「ミオ・エネルジェティック」メソッドの使用権を完全に押さえてしまう必要があった。

「メソッドは、マルクの学校にも使用する権利がある。マルクが勝手におかしな方法でメソッドを広めちゃうのが心配で。学校がなくなっちゃえば、僕だけのものになるから」

現にマルクは、「ミオ・エネルジェティックは絶対お前たちには使わせない」と盗人猛々《ぬすっとたけだけ》しく脅迫してきた。裁判所からの呼び出し通告を受け取ったマルクは、病気を理由に七回も出頭を拒否した。そして八回目の呼び出しで、時期にして告訴から一年半後、やっと観念して出頭。裁判所は「学校は直ちにムッシュー・イワオカに借りている六万五千ユーロ（当時レートで約一千四十万円）を払うべし」との判決を下した。岩岡夫婦の完全なる勝訴だったが、学校は既に倒産しておりマルクには支払い義務は発生しなかった。予想通りお金は手にできなかったが、メソッドはセンセイの手に残った。

センセイの弟子たち

その後、パリの指圧教室は順調に続いているという。

ある週末、私は教室を訪ねてみた。場所は十七区にある指圧協会の事務所。奥の広いスペースには畳が敷きつめられ、さしずめ〝道場〟という雰囲気だ。この指圧講座はほぼ一ヶ月に一度のペースで開かれる。一日七時間の講習が三日間続き、それを八回取ると総学習時間が約百七十時間に達し、修了証が取得できる。そこにいたると、ようやく正式に指圧師として働くことができる。要するに早くても最低八ヶ月の時間がかかるので、けっこう大変だ。

私がそっと教室に入っていくと、ちょうど理論を教える時間のようで、センセイを中心に十数人の生徒が車座になって畳に座っていた。「背中や腰の筋肉がどう走っていて、どんな痛みを引き起こすのか。それに対してどのツボを押すべきなのか」といった内容のようだ。白人、黒人、老若男女とバラエティに富んだ顔ぶれで、みなノート片手に説明に真剣に聞き入っている。気軽に質問が飛び交い、それにセンセイが歯切れの良い声で答え、和気藹々《わきあいあい》とした雰囲気で進んでいた。

興味深いのはその後の展開。センセイは、生徒たちに「自分の体の中で、どこか痛みを感じる場所があれば、紙に書いて」と指示した。書き終わると、センセイはみんなの痛みリストを一瞥《いちべつ》した。

「じゃあ、今日はベロニックの腰の痛みを治そうか」

つまり、講座参加者は時には治療者に、時には患者になりながら指圧を体験する。そして驚いたことに、この数ヶ月の講座の期間で、ほとんどの人の長年の痛みが治ってしまうらしい。治療する面白さ、痛みから解放される喜びを同時に味わえ、回を重ねるごとに参加者のテンションは上がっていく。とても実践的だ。こういう教え方は相当な自信がないとできない。痛みが消えれば、「メソッドは本物だ」ということになるし、治らなかったら、信頼は失墜し、生徒は去っていくだろう。

休憩時間に、この講座についてどう思うかを聞いてみた。すると皆、「スペール（最高）！

妻の腰の痛みを治してあげられて嬉しかった」「自分の痛みのメカニズムがわかって楽になった」「楽しくて、オリジナルで、すぐ使える！」と喜んでいるので、関係のない私まで誇らしかった。そういう時、自分は日本人なのだなあと思い出す。

「みなさん、元々はどんなご職業なんですか」と聞いてみると、参加者の多くが、既に指圧師だったりマッサージ師やエステティシャン、お医者さん、と健康や美容の専門職についているというのでちょっとビックリした。

参加者のうちパリ在住者はほんの一握りで、後はバスク地方、ブルターニュ、ピレネー地方など遠くから参加している人も多い。さらにはグアデルーペというカリブ海の島から、飛行機で七時間かけて来ている黒人女性もいた。

休憩時間はみなハーブティを飲みながら、ワイワイとおしゃべりに精を出す。みな、とても仲が良さそうだ。お互いに肌を見せ合い、治療をしあううちに、心の垣根が自然にとりはらわれるらしかった。

「みんな家族みたいで、ランチも一緒に食べるし、一緒に誕生日や出産をお祝いしたりしますよ。私もみんなのために毎日ケーキを焼いていくんです。忙しくてケーキを作れないと、みんながっかりしちゃうんです」

と基久乃さんが教えてくれた。

そうこう話しているうちに、生徒さんの一人が私に向かって「君も指圧を体験しないとだめだよ」と言いながら、ここに横になれと畳に敷かれたバスタオルを指差した。何だか嬉しくなり、お言葉に甘えて私まで指圧を受けることに。私は普段パソコン画面を眺めてばかりなので、肩甲骨の周辺が常にカチカチである。

「おお、右側がすごくこってるよ。こりゃ大変だ」と言いながら丁寧にコリをほぐしてくれた。気持ちいいです、と言うと「セ・ノルマル！（当たり前じゃん）」と嬉しそうに笑っていた。

全ての道はパリに通ず

長年の痛みがあっさり消えていくことを目の当たりにすると、フランス人はミラクルだと思うのかもしれないが、当然奇跡ではない。講座は体の構造にもとづいた実践的な治療法を伝授しているにすぎない。

「南仏では暇な時間がたくさんあったから、いろいろ考えるようになって。例えば、普通の医学書を読むと、便秘の原因はストレスや運動不足、食生活なんて書いてある。もちろんこれらのことを改善すると便秘は治るけれど、中にはそれでも治らない人もいるんだよ。体験的にはね、そういう患者さんをどう治療すれば良いかは知っていたのだけれど、まだ理論的には説明できなかったわけ。だから、まずは自分なりに治療のセオリーを作ろうと。教えるには説明できないといけないでしょ」

言われてみれば、原因や治し方がわからない病気はそこらじゅうに転がっている。私たちはその多くをストレスや体質、年齢など曖昧な説明で納得してしまう。そして鍼やマッサージに通ったりしてみて、それで治っても、治らなくても、「どうしてか」なんてあんまり考えない。しかし、体の不調にもその治療法にも、当然ながら科学的な根拠がある。

「便秘の患者さんは、腰がこっている人が多いんだけど、腰の筋肉をゆるめてあげると便秘が治るんだよ。腰の筋肉がこっていると骨盤が引き上げられるのと同時に肋骨が下がって、腸が入る場所が狭くなる。すると、腸が圧迫されて機能が弱ってしまう。だから腰をゆるめてあげると骨盤が下がって腸が解放されて、通常通り機能するようになって、便秘が治る。聞いちゃうと簡単なんだけど、そんなことはどこにも書いてないし、それを発見するのは大変でさあ」

筋肉と体の歪みで病を説明し、治療法を提案するのがセンセイのメソッドで、本には、各種の体の痛みや、喘息《ぜんそく》や自律神経失調症など九十くらいの病気の治療法が掲載されている。指圧だけではなく、鍼灸や操体《そうたい》、オイルマッサージなど様々なメソッドが有機的に組み合わされて、「もはや、東洋医学とも、西洋医学とも言えない」という。

「それにしても、フランス語で本を一冊書くって大変じゃないですか」

「ぜーんぜん。書くのは簡単。フランス語でも専門用語は知っているし、医学書だから過去形もないし難しくない。大変なのは新しいセオリーを作る部分」

「出版の経緯はどんな感じだったんですか」

「パリに健康関係の本をいっぱい出している出版社があるわけ。そこを訪ねて行ったの」

「アポを取って？」

「ううん。住所見て行って、トントンってドア叩いたら、秘書みたいな女性がいて、『原稿を見て欲しい』って言ったら『そこに置いておいて』って言われて。半年くらいしたら、挿入されていた図解デッサンを直せば出版してあげるって言われた」

やっぱりセンセイは何か突き抜けている。普通はいきなり外国語で本は書かないし、出版社にブラリと行ったりしない。

基久乃さんが、「本が出たら、治療院が満員になっちゃうよ、どうするのって出版社の人に言われたんです。だから『本さえ出れば〜！』と思ってがんばってきました」と付け加えた。しかしその結果は、「でも年間で本を見て治療院に来てくれた人は三人くらいです！」と言うので、三人で思わず笑い出した。センセイは、こう言うことも忘れなかった。

「マルクには騙されたけど、学んだことも大きかった。授業の進め方とか、学校の運営の仕方も勉強できたし」

二人はいつもモノゴトの明るい面だけを見る方法を知っている。そうして、トラブルはいつかチャンスになり、無謀な旅はいつしか冒険になる。

私たちには夢があるから

パリに来て以来、治療院の患者さんも教室の生徒もどんどん増えている。患者さんの割合としては、二割が日本人で、残りはフランス人。中には不眠症とか鬱の人とかもやって来る。

「鬱や不眠症はとりあえず体のこりをほぐして、調子を良くしてあげる。鬱自体が治るわけじゃないけど、体が元気ならば少し気分が良くなるでしょ。前よりはいいんだって言う人が多いよ」

クライアントの中には、途方もない大富豪もいる。毎回メルセデス・ベンツに乗った運転手がセンセイを迎えに来る。車窓に映るエッフェル塔やコンコルド広場を見て、「あ、ここは本当にパリなんだな」と改めて感慨にふける。目指す場所はセーヌ川とルーブル美術館が一望できる豪奢なアパルトマン。美術館にあるような調度品に、猫足のダイニングテーブルがゆったりと配置された広いリビングルームを目の前にセンセイが思ったことは、「キクちゃんにも見せてあげたい」だった。「次回は妻も一緒に連れて来てもいいですか」と尋ねると、アパルトマンの主は快諾してくれた。それからは、いつも二人でベンツに乗り込む。到着すると、可愛らしいエプロンをつけたお手伝いさんが銀のお盆に載せたビスケットを運んできて、「紅茶とコーヒー、どちらがよろしいですか」と尋ねるというので、まるでクラシック映画である。

「あそこに行くと、おお、俺もここまで成功したなあ、なんて思うよ」とセンセイが言うと
「あはは〜。そうねえ。でも、考えてみたらその方が成功しているだけで、私たちが成功してるわけじゃないんですけどねー」と基久乃さんが突っ込む。

治療院のクライアントは、お金持ちばかりではない。古びたお財布から皺くちゃのお札を一枚ずつ出し、やっとのことで払う人や、小切手を書くやいなや、「今は銀行口座にお金がないから現金化するのは数日待ってくれ」と頼む人もいる。お礼に自分が出演するバレエのチケットを送ってくれたバレリーナもいた。パリは色々なクライアントがいるから面白い。

新婚時代から波乱万丈で、苦労が多かっただろう基久乃さんは、パリの生活をどう感じているのだろうか。

「色々あったけど、今は順調で、最近やっと生活できるようになりました。いや、順調じゃない部分もあるか。もう、駐在員の奥さんとかが羨ましい時もあります。でも、やっぱり生

活できればそれでいいです。私たちには夢があるから」

「僕は、前は色んなことに興味があったけど、今は一つだけ。メソッドを広めるだけです。彼女は夢についてきてくれているから。それが、彼女の夢にもなればいいけど」

「ここまできたら、どこまでいけるかよね」

二人は頷き合った。

八年前は三百人だったフランス指圧協会の会員は、現在三千人。今日までに教えてきたセンセイの弟子の数は、四百人にも上る。その多くが、指圧師として開業したり、エステティシャンやスポーツトレーナー、タラソ・セラピストなど健康や美容関係の職に就いている。センセイがポチャンと投げた小石は、大きな水紋をいくつも作りながら、静かにフランス全土に広がっている。今日も石畳と古い教会がある田舎町で、見知らぬ誰かの痛みが治っている。日本で生まれた技術は、一人の男の手によって、海を渡った。それは、何だかとてもすごいことだ。

勝ち組とか負け組とか、そんな単純な分類には当てはまらない生き方。人は本当にどう生きてもいい。時間やお金に縛られながらも、安定して生きるのも一生。サクレ・クール寺院を眺めながら、好きなことをして生きるのも一生。

「お二人はどんな時に幸せを感じますか？」

などと愚にもつかない質問をしてみた。センセイは少しキョトンとした。

「日々、シアワセだよねー。ああ、お天気いい、幸せ。あ、今日も患者さんが来る、鍼が打てる。嬉しいなあ、なんて。治療できるだけで幸せだよね」

センセイがそう言うと、基久乃さんがニコニコと頷いた。

「うん、うん。岩岡は、ほら、治療したくても患者さんがいない時期もあったから」

「難しい治療もあるんだけどさー、好きだから」

「私もね、あのバレリーナさん、元気に踊れるようになって良かった。友達とご飯食べて、たくさんお酒飲んじゃって、ああ、飲みすぎ！　楽しいなあ。なんて、日々シアワセを感じます」

CAFE
AU PETIT POUCET

7 & 16 区

いつも花のある風景を

家族とアフリカと
哲学を愛する花屋

犬がいる花屋

二〇〇九年九月二十三日。

十五年間パリの街を見つめ続けた一軒の花屋が、永遠にその扉を閉じた。名前は「ryu-kubota」。日本人フローリストの窪田龍策の店だ。

近所に、日本人が経営する花屋があることは、ずっと前から聞いていた。散歩に出て花屋を見かけるたびに中を覗いてみたが、それらしき店はなかった。積極的に探すこともなく月日が過ぎたある日、写真家のシュンさんが、「それって、龍さんでしょう。会ったことないの？　じゃあ、連れて行ってあげる」と言った。シュンさんと〝龍さん〟は古くからの友人だという。店の場所を聞けば、家から歩いて二十分。それも私が通勤で歩くセーブル通りから、百メートルと離れていない。実は毎日とても近くにいたのだった。それが閉店の三ヶ月前のことだ。

初めて店を訪ねた日は、空が高い初夏の夕暮れだった。セレクトショップや高級ブティックが並ぶ道を進み、デパート、ボン・マルシェの手前でラスパイユ通りに入ると、すぐにその店は見つかった。大通りの角地という絶好のロケーションに佇む店は、かなり広々としている。こぢんまりとした店を想像していた私は、店の前でしばらく立ち止まった。

銀色に光るアルミの看板には、墨汁が流れるような字体のryukubotaというローマ字。余計な装飾がないスッキリとした外観には、彼の趣味が表れているようだった。

中を覗くと、細身の男性がメタリック調のカウンターの向こうで忙しそうに立ち働き、赤ちゃんを抱いた女性がゆったりと椅子に座っている。硬質でスタイリッシュな店構えと、家族のいる風景が、不思議な取り合わせに感じた。

ガラスのドアを押して店に入ると、二人は「こんにちは」と柔らかな笑顔で迎えてくれた。茶色い毛をした犬がせかせかと飛び出してきて、人懐っこく足にまとわりついた。広い空間は、今まさに開こうとしている色とりどりの花で満ちていた。薔薇や桔梗《ききょう》といったよく見る種類以外にも、熱帯の花や立派な木の枝などがあった。

シュンさんと龍さんは、久しぶりの再会を喜びあった。私たちは赤ちゃんをぐるりと囲んで、お互いに自己紹介をした。傍らの健康そうな女性は、龍さんの奥さんの清美さんだった。

賑やかな会話が続く中で、とても小さな赤ちゃんはスヤスヤと眠っていた。

「まだ生まれてから二週間ほどです。名前は咲良《さら》です。それで、犬の方は花です」

シュンさんは、「これ、お祝いです」と清美さんに赤ちゃん用の音楽CDを渡し、咲良ちゃんの写真を数枚撮った。花ちゃんは赤ちゃんが気になるのか、ベビーカーの近くをウロウロしている。龍さんはニコニコとそんな風景を眺めている。それは絵に描いたように幸福な風景で、長い間、家族と離れて暮らす私には、ちょっと眩しいくらいだった。

「この店はもうすぐ閉店するんですよ」

だしぬけに龍さんが言った。シュンさんも知らなかったようで、「え、本当ですか？」と驚きの声をあげた。私はせっかく知り合えたのにと少しガッカリした。

すると彼は、「でも、別の場所にまた店を開くつもりです」と付け足した。

「もう次のお店は決まってるんですか」と思わず尋ねた。

「それが、まだぜんぜん決まっていないんです。これから店を閉めて、次を探すので、たぶん移転は秋ぐらいになるんじゃないかな。十月くらいには移りたいですね」

その六月の日から、私はちょくちょくryukubotaに寄るようになった。仕事帰り、週末、時間がある時、気が向いた時。花を買うこともあったが、たいがいは二人と話ばかりしていた。

それは、閉店の日まで続いた。

彼は何者なのか？

　初めて龍さんに会う前、私が彼に対して勝手に持っていたイメージといえば、自分の花屋を切り盛りする逞《たくま》しいフローリストだった。競争の激しい一等地に、十五年も自分の名を掲げた店を経営する人。そして、星付きレストランや高級ホテル、大企業の本社ビル、パリコレなど華やかな場所で、第一線の仕事をする人。彼が生み出すのは、活け花のような和の世界と、華やかな洋の世界が融合した個性的な花々。それを求めて、近所の人も有名人もryu-kubotaを訪れる。それは、どう見ても成功したフローリストの姿だった。

　当初、私の興味は、どうやって今の場所まで行き着いたのかということだった。しかし、何度も会ううちに、何かが違うと感じ始めた。彼はやり手の経営者でも、カリスマティックなアーティストでもなかった。彼は何者なのか。それを理解するには、考えていたよりも長い時間が必要だった。

　彼にとって私は、招かれざる客だったと思う。

「ジャーナリストってずるいですよね。取材して、一方的に書きたいこと書いて。僕はいつも本当の自分とはぜんぜん違うイメージに描かれてしまうんですよ。やたらとストイックすぎたり」

　彼はこの十五年間でたくさんの取材を受けていた。その結果、今やジャーナリズムを信じてもいなければ、世間から脚光を浴びることも望んでいなかった。それでも私が「龍さんについて書いてみてもいいですか？」と尋ねると彼はなぜか「いいですよ」と言ってくれた。

それなのに、いざ始めてみたら彼について書くことを止《や》めようかと考えたこともあった。正直、彼をキチンと捉えることはとても難しかったからだ。

しかし、店に頻繁に通っているうちに、そういうこととは関係なしに、とにかく彼のことを知りたくなってしまった。私は、彼のような人に会ったことがなかった。そして何より、私は龍さんの家族が作り出す優しい時間に惹かれていて、気づけば彼の店に足が向いていた。

そうしているうちに、龍さんは、ほんの少しだけ内側の扉を開いてくれた。その隙間から見えた風景を、描いてみようと思う。

死刑反対とバンドと哲学

窪田龍策は、愛媛県に二人兄弟の長男として生まれた。四人家族で、日本のどこにでもあるような家だった。しかし思い返せば、けっこうクールな家庭だったという。仲が悪いわけではないが、父親は不在がちで、それぞれの家族が好きなように時間を過ごしているような感じだった。

静かな田舎町に育ちながら、彼の胸の奥底には、マグマみたいな「何か」が潜んでいたと想像する。その「何か」は、外にドカンと噴出するのを今か今かと待っていて、機会があるたびに、形を変えて現れた。その一例は、「反体制運動」と呼ばれるような活動である。

「高校のある授業で、先生がマルクス思想について話してくれたんです。それまで、大人の社会に対して何を誰にぶつけていいかわからない、モヤモヤした気持ちをずっと持っていたんですが、その授業を聞いているうちに、モヤモヤをぶつける矛先が明確になったような気がした」

　十七歳の彼は、日本やアメリカの政治、経済のあり方に疑問を持ち、何か自分ができることはないかと、死刑制度や原子力発電所設立の実験に反対する活動に参加した。その後も、反体制という考え方は変わらなかったが、同時にマグマは別の噴出孔を見つけた。バンドである。

「ジャンルはパンクです。ドラマーをやってました。メッセージ性の強い歌ばっかりです。歌は反権力で、反米。バンド名はアナーキーコンプレックス。思いっきり政治的メッセージを叫んでました」

　ベビーキャリアーで咲良ちゃんを胸に抱きながら、薔薇の棘《とげ》を取る龍さんを見ていると、耳をつんざくようなドラムを叩く姿は想像がつかない。しかし、清美さんが「今でも家にホラーみたいなジャケットのCDがいっぱいあるんだけど、すごく怖いですよ〜。触っただけで呪われそうです」と笑うので本当なのだろう。

もう一つ若くして彼が深くのめりこんでいったものは、哲学である。

彼の内なるモヤモヤを解消してくれそうなヒントが、哲学書には詰まっていた。三日間かけて一ページしか読み進められないような本を、好んで読んだ。考える過程が面白いのだという。そして思考は、戦争と平和、倫理観、生と死、仕事観、愛といったさまざまな事象に及んだ。

今でも会話の端々に、その片鱗がみえる。彼の思考がどんなものなのか、本当のことを言えば、私はほとんど理解していないように思うが、その断片を拾えばこんな風になる。

——経済学というのは、倫理学からできた学問なんですよ。どうやって人と人とが戦うのを止《や》めるようになるのだろうと考えるうちに、そうだお金で戦わせればいいじゃんということになり、生まれたのが経済学です——

——デリダという哲学者がいて、『愛している』と言った瞬間にその言葉は過去のものになり、言葉が死んでしまうという考え方がある——

——地球の周りを月が廻って、太陽の周りを地球が廻っている。原子の周りを電子が廻っている。そういう丸い物の周りを丸い物が廻っている。だから、この宇宙も実はもっと大きな丸い物の周りを廻っているのかなって思ったりして——

そんな話題になると、龍さんは珍しく雄弁になり、目を輝かせた。それが続くと清美さんは、笑いながら「また難しいこと言い出した。愛してるなら愛してるって言ったらええやん」と関西人らしく突っ込む。そのやり取りはとても微笑ましい。清美さんは、広島生まれだが、長い大阪暮らしの間に、関西弁になったのだという。二人は全く似ていないけれど、メロディと歌詞のようにぴったりと合っていた。

龍さんが花屋で働き始めたのは、ほんの偶然だった。愛媛の高校を卒業し、東京にやって来た頃は、まだ自分が何をしたいかわからなかった。

「当時、吉祥寺《きちじょうじ》に住んでいて、乗換えがない中央線沿いでバイトを探していたんですよ。あんまり時給が高いとこき使われそうだし、とは言っても安いところも大変そうだから、中くらいのところがいいなと思いながら『ｆｒｏｍ Ａ』（アルバイト情報誌）のページをめくってたんです」

自分の手でものづくりができる仕事をと選んだのは、家具屋と花屋。面接では両方とも合格したが、花屋を選んだ。アルバイトでも最初から色々と触らせてくれそうだと考えたからだ。偶然だったが、そこは日本選手権で審査員を務める有名なフローリストが経営する店で、学ぶことは多そうだった。

最初から花を作れるだろうという予想は、ものの見事に外れた。店は厳しい年功序列で、体育会系の雰囲気に満ちた職人の世界。新入りアルバイトは花には触れられず、回ってくるのは配達や掃除、鋏を研ぐなどの下準備や力仕事ばかり。右も左もわからぬ新入りが「教えてください」と頼むと、「仕事は見て盗むものだろう」と言って桶でぶん殴られた。よく見ると店の桶は全部ベコベコにへこんでいた。

しかし店自体には活気が漲《みなぎ》り、龍さんはその雰囲気が好きだった。業界で活躍するフローリストが頻繁に集い、夜な夜な熱い議論が繰り広げられた。

龍さんが花に触れる唯一のチャンスは、多くの注文が一度に入った時。当時はバブル全盛期で、十万円単位の花束の注文がボンボンと入ってくる。店主の手が回らず、龍さんも時には夜遅くまで残業した。

「これはとてもラッキーなことでした。今の人の五倍くらいの速さで色々なものを見られたので」

初めて一人で花束を作ったのは、ちょっとしたアクシデントの結果だ。お葬式の花束を配達するために車を運転していたら、子どもが道に飛び出してきた。

「急ブレーキを踏んで何とか避《よ》けられたんですけどね、振り返って荷台の花を見たら、全部バラバラになっていた。どうしようと時計を見たら、一度店に戻っていたのではお葬式の時間には間に合わない。だから、見よう見まねで必死に元の通りの形に直しました。それが最初です。誰にも言ってないんですけど。これ内緒ですよ」と言っていたずらっ子のように笑った。

二年目から花に触らせてもらえるようになり、三年目には制作を任されるようになった。経験を積み、自分でも研究をするにつれ、「ここの花のスタイルは、少し偏っていて古すぎる」と感じるようになった。おりしも、その頃日本にはヨーロピアンスタイルが入ってきたばかり。東京でも学べる場所はあったが、せっかくなら本場を見たいと思うようになる。周りにいるベテランのフローリストたちに、「勉強するためにヨーロッパに行きたい」と相談すると、誰もが「それは絶対行ったほうがいい！」と背中を押してくれた。まだ職人が海外に留学するなど、夢のような時代だった。

それから、龍さんは日本全国を回り、色々な花屋で修業をさせてもらった。日本で得られる技術を一通り吸収し、「もう思い残すことはなくなった」と感じた頃、日本を飛び立った。二十代前半のことだ。

ryukubotaの誕生

最初に渡った国はドイツ。花の技術を学ぶ場としては、ヨーロッパで一番進んだ国らしい。

しかし、気づくと目はパリに向いていた。パリには別の魅力があると龍さんは言う。ホテルやファッションショーやパーティなど、作品を発表する機会が桁違いに多いこと。龍さんは、作品発表の場とチャンスを求めてパリにやってきた。

語学学校に通い始め一年と少し経ったある日、大きな空き店舗の前を通りかかった。もともとはコピー屋だった場所に「貸します」のサイン。大通りの角地で目立つ場所。じっと眺めているうちに、ここで自分の花屋を開こうと決心した。

「このチャンスを逃すと、二度とこういう場所で自分の店を持てることはないような気がして」

店の保証金や内装費のために、銀行から数千万円の借金をした。二十四歳で、たどたどしいフランス語を話す龍さんが銀行から借金し、自分の会社を設立し、ビザを申請し、店をオープンするということは想像するよりずっと難しいことだったはずだ。しかし、龍さんは、別に大したことではない、というような気軽さで話を進めた。

「始めることより、その後続けていくほうが大変ですから」

ゼロから始まった花屋が、軌道に乗るまで三年以上かかった。活け花をベースにした独特のスタイルは、だんだんとパリの街に受け入れられるようになっていった。店売りだけではなく、レストランやホテルの装花の契約も次々と舞い込んだ。今や、二十件以上の契約を抱え、多忙だ。デモンストレーションやアレンジメント講座の依頼や取材の申し込みも多い。

「花屋に必要な資質は、体力」と言い切る彼の一週間は、こんな感じ。

まず、火・木・土は深夜の一時五十分に目覚ましが鳴る。バゲットとコーヒーだけの朝食を取り、車に乗り込み、シンとした薄暗い街を走り抜ける。朝三時に郊外のランジス市場に到着。契約と店売りのための花を仕入れ、朝七時には店に戻る。午前中は契約している花々を制作し、配達または現場で作業。午後二時から店を開け、お客さんに対応し、夜八時に閉める。忙しい時は、閉店まで何も食べる暇もない。その代わり、食べられる時は徹底的に食べる。例えば、ご飯なら四合、パスタなら五百グラムを平らげる。

夜九時前に帰宅し、夕飯を食べ、眠りにつくのは十時ごろ。夕飯だけは家族とゆっくり食べると決めているので、寝る時間が遅くなることもしばしば。

唯一の長期休暇である夏休みも、日本でのレッスンやデモンストレーションに招待される。毎年のように広島で行われる装花のデモンストレーションでは、ゆうに三百人の客を集めるという。

「でも、大変なのは週に数日だけです。後の日はちゃんと寝てますから。僕はどんな時もよく眠れるんです」と余裕の顔。清美さんも、「そうなんですよ、龍さんは横になった瞬間に寝てるんです」と頷いた。

しかし、そうまでして大切に必死に育ててきたこの店を、なぜ閉めることにしたのだろう。

「まあ、大きな理由の一つは、家賃が桁外れに上がったことですね」

「どれくらいですか？」

「借りた当初は千五百ユーロ（インタビュー当時レートで約二十万円）だったのに、今は六千七百ユーロ（同約九十万円）になりました」

「それって、上がりすぎじゃないですか！」

「この街がすごく変わってしまったんですよ。当時のセーブル・バビロンはもう少し寂《さび》れてた。周りは五十年も続いている古いお店ばっかりだったんだけど、ボン・マルシェがリニューアルして高級デパートになって、コンランショップができたのを契機に、デザイン系のショップが増えて、古くからある店はどんどん姿を消した。十五年で全部入れ替わって、今ではうちが二番目に古いお店になっちゃいました」

　そして、この商売に最適な環境そのものが、ここに来て問題になったという。

「ここは大通りで、排気ガスも騒音もひどい。子どもを育てる場所じゃないですよ。次はもう少し引っ込んでいて、車の音が聞こえてこない場所がいい。緑が多くて、隠れ家《が》みたいで、知っている人しか来ないところが理想です」

　なるほどと納得した。しかし、今思えば、本当の理由はそれだけではなかった。私がそれに気づいたのはずっと後になってからだ。

アフリカに一番近い街

一見すると、龍さんは静かな湖面みたいな雰囲気の人だ。

凡庸な言い方をすれば、彼はとても職人らしかった。花を作る姿には、薄く張った氷のような緊張感が漲る。それでいて、私が質問をすれば何でも答えてくれた。そして、その答えはいつも予想とはぜんぜん違う。

例えば、「龍さんはパリが好きですか？」と聞くと、少し考えて、こう答えた。

「僕はパリが盲目的に好きで、パリにいるためだったら何でもするという人間ではないです。あえて言えば、そうだなあ、アフリカに近いところ。ここは都市なのに本物のアフリカが見られるじゃないですか。音楽でも、食べ物でも。東京はアフリカと遠いからね」

聞けば、彼はほとんどのアフリカの国を旅していた。

「アフリカに行くと、森や茂みの中に入っていって、植物、虫や動物を眺めるんです。見たことがないようなすごい棘がある植物があったりして面白いんですよ。アフリカの人に、僕が花を活けているという話をすると、みんな何の話をしてるのか全く理解できないんです。何で花をわざわざ切って、家の中に飾るんだって。窓を開けたらいくらでも花なんかあるのにって言われます。テーブルの上に、世界や空間を凝縮することだって説明するんだけど、みんな意味がわからないみたいですね」

それがアフリカの良いところなんだと言うように、嬉しそうに話した。龍さんがアフリカに惹かれる理由はなんですかと聞き返した。

「本物が見られるから。すべて本物。文明も、その弊害も。自然も。全てがあからさまに見える。自然と文明が共存していて、明らかに自然が文明に勝っている。アロエとか見たことあります？　何メートルもある。あれが本当のアロエなんですよ」

本物のアフリカが見られる。そんな理由でパリに住んでいる人を、私は他に知らない。

彼はとても職人らしいと書いたが、仕事一辺倒とは全く違う。

ある日、清美さんが「何か気づきませんか」とニコニコしていたことがある。何だろうと店内を見回したが、特に変わった点はなかった。ほらほら、と彼女が龍さんと咲良ちゃんを交互に指差した。言われてみれば、二人とも淡いピンクのシャツを着ていた。

「龍さん、わざわざ着替えたんですよー。咲良とお揃いになるようにって」

彼は、店でもちょっと暇があれば、娘を抱き上げて話しかけた。抱きながら、作業する姿もよく見かけた。家でも、率先してお風呂に入れ、寝かしつける。

「だって、今日の咲良は今日しか見れないじゃないですか。明日はまた成長して今日とは違う。今ちゃんと見ておかないともったいないですよ。僕は、『旦那さんも子育てを手伝っているんですね』とか言われるのが嫌なんです。手伝ってるんじゃない、僕も一緒にやっているんですよ、子育てを！　それに、男性は、女性よりも多く育児をしないと同じように育児をしたと言えないと思ってますから」

日本の働く男性で堂々とそう言い切れる人は、かなり珍しいと思う。

清美さんが妊娠中、絶対安静を医者から言い渡された時には、彼が全ての家事を引き受けた。また清美さんが、「できれば日本に帰国して里帰り出産をしたい」と話すと、じゃあ僕も店を閉めてついていくよと言ったそうだ。自分の子どもがお腹の中で育っているのに、それを見ないなんてありえないと言う龍さんは、完全に本気だった。結局、フランスの医療がいかに優れているかを理解した清美さんは、パリで出産することにした。

そんな龍さんを、清美さんはこう評する。

「龍さんは、何でも百パーセントの人なんですよ。百パーセントの力を出し切って、お店をやって、家でも子どもの面倒を見て、百パーセント家族を愛して。だから夜は電池が切れたみたいに、あっという間に寝ちゃうんですよね。自分の優先順位がハッキリしていて、絶対ぶれない人です」

しかし、私には彼の一生懸命さや優しさのようなものが、ある種の度合いみたいなものを越えている気がする時があった。

龍さんがオレンジ色の薔薇で花束を作っていた時のことだ。薔薇は潑剌と美しいバランスでまとめられ、見とれるような花束だった。

龍さんは「配達に行ってきます、すぐ戻るから」と言って花束を抱えて店を出て行った。彼は店のドアを出るやいなや、短距離走選手のようにダッと駆け出した。その姿は街の向こうに、あっという間に消えた。

ほんの短い距離でも走りだしてしまう。いや、逆に言えば、走りたいと思わせる彼の内側には、いったい何が渦巻いているのだろう。

商業主義のしがらみ

私は、彼のエネルギーの源流を辿りたいと思い、「龍さんの情熱の根幹って何ですか？」とストレートに質問をぶつけてみた。

「僕は、情熱とか根幹とか、そういうのはないんですよ」

彼は仕事の手を止めずに淡々と答えた。「ただ毎日生きるので精一杯なだけです」

正直、困惑した。情熱もなしに、こんなハードな生活ができるのだろうか。すると彼は、

「あ、でも日々のテーマというのはありますけど」

と思いついたように付け加えた。

「テーマ、ですか？」

「たとえば、商業主義は嫌いなんだけど、こうしてお花を売ってるじゃないですか。それは、矛盾しているんです。だからせめて、一生懸命、付加価値をつけようとしているんですよ。クオリティでは誰にも負けてないと思ってます」

「はあ」

私は、しばらく考えこんだ。

彼はいつでも真摯《しんし》に、そして心底楽しそうにお客さんの注文に応えていた。「メルシ・ボク」とお客さんを嬉しそうに見送る彼の姿には、商業主義との矛盾はほとんど感じられなかった。

例えば、こんなエピソードがある。アルページュという三つ星レストランにアラン・パッサールという伝説のシェフがいる。彼の完璧主義は店の装花にも及び、パリのめぼしいフローリストに花を依頼しては、次々とクビすることで有名だった。ryukubotaにも彼から依頼が入り、花を活けていた時期がある。契約は週に一度だが、毎日のように「花がちょっと変なんだ。メンテナンスに来て」と電話が入る。龍さんが急いで駆けつけると、一枚の花びらの縁がうっすらと黒くなっているので、その一本を交換して戻るというような毎日が続いた。

「僕の店からアルページュまでは五分で行けたから、毎日のように行ってましたけど、店が離れている人はこんな調子だったらやってられないので、みんなやめちゃう。僕も大変だったんだけど、自分からはやめなかった。結局三年くらい続きましたよ。誰かに聞いたんだけど、それが最長らしいです」

そんな話をする彼は本当に楽しそうだ。

「花屋をやっていて良かったと思いますよ、一日三十回くらい。一人一人のお客さんと接するたびに、良かったなあって。注文を受けてお花を作って、笑顔でお客さんが店を出て行くのを見るのが好きなんです」

しかし、それでも彼は、商業主義との矛盾に苦しんできたという。何度か会って話をするうちに、私にも少しずつその意味がわかってきた。

たぶん龍さんは、〝経営者〟としてもっと成功しようと努力すること自体に、反発を覚えていたのだろうと思う。そこには、絶対に埋められない溝が、彼の信念との間に存在し続けた。それは、高校生の頃にマルクス主義に傾倒したことに遡《さかのぼ》り、さらに強固に固まっていったイデオロギーとも呼べるものだ。

「コンスタントにお金を儲けないと店を維持できないけど、そういうのが幸せなのかなと思う。商業主義を追求することが嫌になる時がある。そういう葛藤が何年も、毎日のように続いていた」

「毎日ですか？」

「そう、毎日ですよ、毎日」

私だって、何となく気持ちはわかる。本来お金は価値の代替ツールであり、目的になるべきものではない。しかし、この現代の消費社会にドップリ浸かって生活していると、気づかぬうちにプライオリティが入れ替わり、お金を追うようになってしまいそうになる。それは、怖いことだ。しかし、そういう風にたまに感じるのと、毎日悩み続けるというのは全く次元が違う。

龍さんが自分の花屋を持ち、商売をする以上、今月はお金が足りるだろうか、もっと稼がないと、と考えることは不可避だった。特に家賃の上昇は、冷酷にビジネスモデルの変換を迫り続けた。

「それまでのように、一つの注文にじっくり時間をかけて丁寧に作っていたのでは、家賃を稼ぎ出せない。安く大量に仕入れた花で素早く花束を作って、軒先に並べて、通りかかった人々に売りさばくようなスタイルの花屋じゃないとやっていけない。でも、それは絶対にやりたくないことだった」

龍さんは、よりお客さんの気持ちや注文内容を深く理解し、さらに丁寧に花を作るという道を選んだ。そうやって付加価値を最大限にすることで、もう少し多くのお金をもらうことへの罪悪感を消そうとした。

「それでも、僕がやっていることが表面的にしか捉えられなくなって、がっくりしたんです。お客さんも、取材に来る人も、結局は僕の表面的な部分しか見てないように感じてた」

そう言って龍さんと清美さんは、実は、ryukubotaは三年ほど前にも閉店しかけたことがあるのだと話してくれた。それは、二人が出会った頃の話である。

凛とした花々

龍さんに出会う前、清美さんは大阪でグラフィック・デザイナーとして働いていた。広島の笑いの絶えない家庭に育った彼女は、昔から独立心が旺盛で、結婚しても続けられる職として、デザイナーになることを選んだ。

クライアントや仕事仲間にとても恵まれ、仕事にはやりがいを感じていた。私生活も充実し、一匹のコーギー犬と共に暮らすマンションは3LDK。一人暮らしには広すぎたが、日中にも愛犬が運動できるようにと考えて借りたという。休みの日はフットサルをし、車を運転して犬と公園に行った。自分の足でしっかりと立つシングルライフは、自由で楽しく、何の不満もなかった。

ところが、ある夜、道を歩いていると、「フローリストになろう」と思いついたのだという。

「もともと花が好きで、犬にも『花』という名をつけていたんです。でも、花屋になろうなんて考えたことなかったのに、その時は『絶対に花だ！』と思って」

唐突な思いつきだったが、それは不思議と彼女の心を捉えて離さなかった。デザイナーとしての仕事の合間に花のレッスンに通い始め、近所の花屋でちょっとした手伝いも始めた。いつか、犬が店番する花屋をやれたらいいなあと考えていた。

彼女は本格的に花を勉強するならパリだと考え、下調べを始めると、パリにも日本人のフローリストがいることを知る。長年フランス人相手に商売をしている人はどんな人だろうかと興味を持ち、パリに来てryukubotaを訪ねてみた。ちょうどレッスンを開催していたので、受けさせてもらった。

彼女は、彼の作る花の世界に引き込まれた。

「龍さんの花は、伸びやかで凛として美しいと思いました。活けられた花が生き生きと誇らしげに見えた」

しかし、パリから戻ると、フランス留学どころではなくなった。実はその少し前から、清美さんの父親が癌で入院していたのだが、その病状は日ごとに悪化していた。

毎週金曜日の夜になると、清美さんは姉と二人で大阪から広島まで高速道路を飛ばした。父や家族と共に週末を過ごし、日曜日には大阪に戻るという生活が何ヶ月も続いた。病気になった父はとても気丈で、本当は体が辛くないはずがないのに、「お父さん、体の調子はどう?」と家族が尋ねると、「大丈夫。みんなが来てくれて嬉しい」と穏やかな顔をした。その父との時間を通じて、清美さんは多くのことを考え、教えられたという。

「父が病気になってからというもの、それまで遠くに住んでいた家族が毎週のように集まるようになりました。あの家族の時間は、父が私たち家族に残してくれた、一生の宝物になりました。父が病気になったことは、確かにとても辛いことなのですが、家族の絆はそれまで以上に深まりました。だから私は、人生のどんなに辛く悲しい経験の中にも、必ずプラスのことがあるのだなあと思うようになったのです」

この経験こそが、後に龍さんと清美さんを結びつけることになる。

どこか遠くに行こうと思った

清美さんが父親の看病をしている頃、龍さんは遠いパリで目に異常を感じていた。

「だんだんと目が見えにくくなってきて、視界が狭くなってきた気がしたんです。病院に行くと網膜剝離だったんですが、気づいた時にはすでに手遅れで、緑内障になっていた」

それまで彼は、多忙な花屋の生活の合間にトライアスロンの大会に出場するほど体力があった。自分自身でも、健康にはとても気をつけていて、風邪一つひかない体に自信を持っていたという。

龍さんは医者に勧められるままに、手術を受けた。

「ところが、手術は失敗でした。進行は止まらなかった。このままいったら失明するかもしれないと、医者に言われて。ものすごいショックでした。目が見えなければ、花は作れない。花屋は続けられないんだって思って。だから……辞めようと思った。そうしたら、商業主義のしがらみからも解放されるし、どこか遠くに行こうと思った」

同じ頃、清美さんの父は家族に見守られながら、静かに他界した。日本にいる理由がなくなった彼女は、「こうなったら父の分まで色んなものを見てやろう」と思い、再びパリを目指す。今度は、本格的な下調べを兼ねて、一ヶ月の予定で滞在。その時に思い出したのが、ryukubotaだった。

どうせだから、少し見習いでもさせてもらえたらいいなあ。

パリに到着するなり店に向かい、ダメもとで頼んでみた。

「来週から三週間だけ、研修生として働かせてもらえませんか」

「そうですね……」と彼は答えた。「三週間だけならいいですよ。その先は無理ですけど。健康上の理由もあって、もうすぐこの店を閉めるんです」

清美さんは、反面驚き、反面驚かなかった。

「久しぶりに会った彼は、疲れきっているように見えたんです。それに、健康上の理由なら、続けるのは難しいのかもしれないなと思いました」

とにかく、彼女は三週間という約束でryukubotaで働き始めた。最初は、なぜ彼の花がフランス人に受け入れられるのかということに興味があった。

「そう思って働き始めたのですが、三日も経たないうちに秘訣なんてないということに気づきました。龍さんは営業力がある人で商売上手だと思っていましたが、むしろ正直すぎて商売下手なくらいでした。ただ、お客様に対して、花に対して、自分自身に対してとことん誠実でした。私は、彼の仕事に対する姿勢に、商売というものは自分の技術に対して、人が喜び感動してくれて、その代わりに代金をもらうという、とてもシンプルな、原点のようなモノを感じました。やっぱり本当に人の心をつかむのは表面的なことではなく、シンプルなものなんだなと」

清美さんは自然と、彼の元で花というものを学びたいと考え始めたが、それはできない相談らしく、とても残念だった。

そして、いつものように仕事を終えた、ある夜のことだ。

龍さんは、その日に限って、堰《せき》を切ったように話し始めた。彼の人生に起こったあらゆる出来事。失明するかもしれないこと。花屋を続けられないこと。旅に出ること。今は人を信じられない気持ちでいること。

清美さんは黙って聞きながら、心では静かに衝撃が広がっていた。

「この人は、なんて孤独なんだろうと。父が亡くなった時、病気ってどうしようもなく悲しいことだけど、周りにいる人によって、時には笑顔になれたり、救われたりするものだと思いました。でも、龍さんは、失明するかもしれない状態で、たった一人でどこかに行こうとしている。この人はとてもいい人で、もっと幸せになってもいいはずなのに。どうしてこんなに孤独なんだろうと」

気づけば、後から後から涙が溢れ出していた。

それが恋の瞬間だったのかはわからない。しかし、少なくともそれは、花を通じて巡り合った二人の魂が、そっと触れ合った瞬間だったのだと思う。

彼は、旅に出るのを止めた。

「彼女が僕の作る花を好きだと言ってくれて、もう少し続けてもいいかなと思った。そして、また人を信じられるようになって、この目の前にいる人と一緒にいたいなと思うようになった」

それでも、彼が失明するかもしれないという事実に変わりはなかった。清美さんは、たとえ目が見えなくなっても、彼ならまた何かを作り続けていくに違いないと思い、迷いはなかった。

その後、龍さんは、再び手術を受ける決心をした。そして、手術は成功。病気の進行は止まり、再び花屋を続けられることになった。

そこから、清美さんが犬の〝花〟を連れてパリに引っ越し、結婚するまで、ものごとは自然に起こった。そして、子どもが生まれ、いつしか一人の生活は、気づけば三人と一匹になり、ryukubotaはとても賑やかになった。

私がこの家族に出会ったのは、そんな頃だった。

人の運命は複雑に絡み合っている。少しでも何かが違えば、この店も家族も今ここに存在しなかった。二人の話を聞き終え、残った疑問を口にした。

「もし清美さんに出会ってなかったら、今頃龍さんは何をしていたんでしょうか」

「レバノンにいたと思います」

「レバノン？」

「商業主義のしがらみから解放されて、レバノンに行って、平和活動の団体に合流しようと思っていたんです」

「どうしてレバノンなんですか？」

「中東和平において、レバノンは鍵なんですよ。その団体の人たちとは昔からよくパリで平和活動のあり方について議論してた。今はみんなレバノンにいるんだけど、ずっと連絡を取り合ってきて、やっと合流できると思った」

私は、彼が口にする商業主義への嫌悪や反体制への思いは、そこまでのものだったのかと驚いた。

「でも、僕の人生は、彼女に出会って逆転したんです」

と彼は続けた。

「彼女が犬の花ちゃんが留守番する花屋をやるのが夢だったと言ったから、花屋を続けようと思ったんです。それが、もう少し続けてみようと思った一番の理由です」

だから彼は、あんなに一生懸命なのかと思った。いや、たぶん彼は生来、一生懸命で優しい人なのだろう。しかし、そこにとても大切で壊したくないものが加わった時、その気質は私には想像できないほど深くて、力強いものになったのだと思う。

しかしその店も、ついに閉店することになった。

ryukubotaから二人の店へ

九月二十三日の閉店の夜、どんな気持ちが龍さんの胸に去来していたのか、私にはわからない。その日、彼は黙々とウエディング用のブーケを作り、清美さんはパソコンでカードをデザインしていた。それは、一見いつもと変わらぬ風景だった。

途中で、近所の本屋に勤めるフランス人女性が、送別と咲良ちゃんの誕生祝いをかねて絵本を持ってやって来た。

「ボン・コンティニュアシオン（この先もがんばってくださいね）」

そう言って、彼女は少し名残惜しそうに立ち去った。

淡々と時間が過ぎていく。

ふと清美さんが、「そうだ、写真を撮ってくれませんか」とカメラを取り出した。私が「もちろんです」と答えると、二人は咲良ちゃんと犬の花を抱き、お店の外にピンと姿勢良く立った。看板が入るようにという依頼どおり、私は三人と一匹が看板の前に立つ光景を撮った。あまりうまく撮れたように思えなかったが、二人とも、これでいいです、と喜んだ。

そして二人は、また元の作業を続けた。

沈黙を破るように、

「次のお店の名前はryukubotaじゃなくなる」

と龍さんは言った。

「え、そうなんですか。じゃあ、なんていうお店になるんですか？」と私は聞き返した。

「Laboratoire Hana（ラボラトワール・ハナ）。花の研究所という意味です」

「研究所ですか？」

「ショップじゃないんです。商業主義じゃない。花を追究する場所。だから研究所」

「それはわかるけど、どうして名前まで変えちゃうんですか？　せっかくryukubotaで知られているのに、もったいないなくないですか」

「いや、もう一人のお店じゃなくなるので」

私はやっとこの時、理解したような気がする。環境や場所という表面的なことだけではなく、彼が、全てを変えようとしていることに。過去と決別し、新しく生まれる店は、二人のものになる。ryukubotaは移転するのではなく、文字通り消滅しようとしていた。

そして、閉店時間の夜八時は、郵便配達人みたいに何気なくやってきた。当然スピーチもシャンパンもない。龍さんは、無言で地下室から脚立を持って、通りに出た。そして脚立のてっぺんに上ると、看板に印刷されたryukubotaの文字を、スプレー缶のペンキで丁寧に消していった。看板はすぐに、雪で覆われたように見えなくなった。

それが最後の瞬間だ。

その夜、龍さんは自身のブログにこう書いている。

「いろいろな想いが交錯するべき時なのですが、今後への緊張感がはるかに大きくてノスタルジックに想いふける余裕がありません。そして未来に対する期待、希望、やる気、そういったものがすべての回顧作業を無力にするほど力強いのです」

〝希望〟

たぶん、それこそが龍さんが胸に抱いていたものなのだと思う。

凱旋門の隠れ家

その後、二人の店探しはかなり難航した。

パリは、空き店舗の数が限られていて、条件を満たした物件が少ない。気に入った物件があっても、後から家賃が上がったり、内定調査を差し向けてきたりして、龍さんの方から断ってしまったこともあった。彼は、精力的に不動産屋を巡っていたが、いつまで経っても次の目処は立たなかった。

さらに、店舗のない状況でもオーダーや契約の仕事はあるわけだが、それをこなすのは一仕事。余分な花のストックがないので、新たなオーダーが入るたびに花を仕入れに行かねばならないため、前なら数分だった仕事が今や一日がかり。作業場所の確保も問題で、最初の頃は車の中や道端でなんとか作業していたが、寒くなるとそれも難しくなり、作業場として短期契約でアパートを借りた。その部屋は九階にあり、搬出入のたびにエレベーターで何往復もして、車に花を積み込んだ。

私が一度、二人のアパートを訪問した時、龍さんは少し疲れているように見えた。

「もう最近、胃が痛いんですよ、この僕がですよ！　信じられないよね」

そういう時に限って注文が多くてと言いながら、彼は夜遅くから仕事に出かけた。

十一月に入り、冬も本格化してきたが、先行きは見えなかった。凱旋門の近くにある店が気に入り、一度は交渉がまとまりかけたものの、営業権の移転の際に複雑な事情が発覚し、話が白紙に戻りそうだという。そのまま事態は動かず、龍さんは相変わらず綱渡りのような状況の中、お客さんのために花を作り続けていた。

十二月に入っても龍さんからの連絡はなかった。もう凱旋門の店はダメなんだろう。これから新しい店を探し、交渉に入ったら、オープンはだいぶ先になるだろうと考えていたクリスマス前、待ちに待った朗報が入ってきた。

「やっと契約書にサインができました」

色々な問題をクリアし、例の凱旋門の店に決まったと言う。季節はすでに真冬で、店探しが始まってからもう半年が経つ。

「長かったですね、本当にお疲れ様でした」

私が新しい店を訪ねたのは、雪でも降り出しそうな二月の夕方だった。ただし、まだ内装工事中で、営業はしていない。

シャンゼリゼの玄関口、エトワール駅でメトロを降りた。

地上に出ると、目の前にライトアップされた凱旋門がドンと構えていた。門の内側には巨大なトリコロールカラーのフランス国旗がはためいている。店はここから二、三分しか離れていない。

大通りを進み、そこから二つのカフェに挟まれた細い道を曲がる。シャンゼリゼの喧騒が嘘のように、その小道は静かだ。その道の先には、大きな木々が生い茂る緑道が見えた。夏には気持ちのいい木陰を作ることだろう。その緑道をまっすぐ進んだ先には、広大なブローニュの森が広がる。

「緑が多い隠れ家のような場所」と彼がいつか言ったとおり、店はひっそりと佇んでいた。

彼は、初めて訪ねた時と同じように、こんにちはと優しく迎えてくれた。犬の〝花〟が、元気に飛び出してきて、出迎えてくれたのも同じだ。

そこは、前の店より少し小さく、新しいフレッシュな空間だった。床には濃いブラウンのオーク材のフローリングが敷き詰められ、壁は淡いベージュのペイント。そこにアンティークの美しいテーブルや作業台が置かれ、所狭しと花々が並ぶ。前の店とは対照的に、そこは丁寧に慈しんでつくられた民家のような雰囲気だった。

二人は、内装工事を専門にする友人を含めた三人だけで、工事を進めているそうだ。試行錯誤しながら床材を墨や樹脂で好みの色に加工し、床を張り、ペンキを塗り、照明や棚を取り付け、骨董道具屋を巡って家具を仕入れた。それは、全くプロの仕事としかいいようがない見事な仕上がりだ。内装のデザインや家具のチョイスには、かつてデザイナーとして働いていた清美さんのセンスも大いに活きているという。

龍さんって本当に何でもできるんですね、と言うと、

「できるんじゃなくて、何でも自分でやりたいだけです」と笑った。

よく見ると、店のあちこちに水が張られたバケツが置いてある。

「まだ、水道が来てないんですよ。作業に必要だから水は外から運んできてます。今は寒いから大変。これから水道の工事をして、トイレを設置して……」

店を一軒開くのは本当に長丁場だ。

この店は歴史的保全地区に指定された地域にあるため、看板や外装の工事には、パリ市の許可が必要になる。その手続きがまた煩雑で、実際に許可が下りるのは早くても数ヶ月後。そこから外装工事が始まると、本格オープンは秋以降になるというので呆れた。パリは時間の流れが、東京の十倍くらい遅い。しかし、彼は少しずつ工事を進めながら、ゆっくりオープンしていけばいいとリラックスしていた。

「こうして店の場所が変わっても、結局はまた前と同じような問題にぶつかると思うんです。商業主義のしがらみとか、人間関係とか。でも、どんな人が傍で支えてくれるかで、ぜんぜん違うと思うんですよ」

と言う彼は幸福そうだった。店の奥には、さらに六畳ほどの空間があった。そこは、家族が過ごすプライベートスペースになる予定だという。大きなガラスドアがあり、そこからも外に自由に出入りができる。咲良ちゃんはここで大きくなっていくんだなあと思った。

その日の彼は、本当によく笑った。出会ってから、こんなにスッキリとした笑顔を見たのは初めてだった。

花はそこにあるだけで

どうして花屋になろうと思ったのかと、清美さんに聞いたことがある。

「花ってそこにあるだけで、気分を明るく、幸せにしてくれるじゃないですか」

と彼女は答えた。それは期待していた答えと違ったが、ずっと心に残っていた。確かに結婚式や誕生日のような幸せの瞬間も、お葬式のような悲しみの中にも、ただそこに花があることを人は求める。ちょっとした日々の中でも、人は花を買い、部屋に飾り、誰かに贈る。花は人生に何気なく寄り添う存在だ。

そして、ある時ふと、そうかと思った。彼女はきっと花になろうとしているのだと。彼女は自分がいることで、龍さんの人生を明るく照らそうとしている。いや、清美さんだけではなく、この三人と一匹の小さな家族は、お互いにとって花のような存在なのだ。

清美さんは、龍さんと一緒にいられるだけで幸せだと言う。出会った頃、彼はいついなくなってもおかしくなかった。それなのに、今はこうして毎日を一緒に過ごせる。それが、幸せだと。

それに対して龍さんはこう言う。

「僕も、彼女に出会う前からまさに、〝ただそこにあるだけで幸せにしてくれる存在〟について書かれた本に感銘を受けていたんです。それは、自分の仕事観や人生観を揺さぶられる考え方でした。でもね、花だったらそこにあるだけでいいんですが、人間と人間は愛し合っていないとね。僕は、見詰め合っている時が幸せなんです。日本人みたいに、ただそこにいればいいとか思いません。もうちょっと濃くないと。コミュニケーションでも、言葉でも、ボディタッチでも。それで言葉にして欲しいし、言葉にしたい。愛していると言えればもっといい。愛していると。僕はそれまで誰かに愛していると言ったことがなかったから」

「今は言ってるんですか？」

「うん、今は言ってますよ」

彼は、ごく真面目に小さな声で答えた。

家族ができてから龍さんの生活は変わった。それまで週末も休日もなく年中無休で店を営業していたのだが、清美さんと結婚してから週一日、咲良ちゃんが生まれてからは週に二日休むようになった。

「以前は絶対にお店に遅刻することなんてなかったんだけど、今は子どもの面倒とか見ていて、ちょっと遅れちゃうこともあるんですよ。でもこっちの人って、それを許してくれるんですね。そういう部分で、パリに惚れ直しました」

「それじゃあ、レバノンにはもう行かないですよね」と冗談で言うと、

「どうでしょうね、レバノンには行かないけれど、別に思想が変わったわけじゃない。自分の関わり方が変わっただけかな。でも世界の平和を語るには自分が平和じゃないと。自分が楽しくなかったら、お客さんにいい花を作れないのと同じです」

パリの街が時代と共に変化するように、人生もどんどん変わっていく。良い時も悪い時もあるけれど、確かなことは、人生の時計の針は逆には戻せないことだ。

私は今なら、彼がなぜアフリカが好きだと言ったのか、少しだけわかる気がする。アフリカは天候も、環境も経済状況もとても厳しく、不安定だ。どこに流れていくのかわからない濁流の中を泳ぐ時、後ろを振りかえっている暇なんかない。変化し続ける状況を受け入れながら、未来へ、未来へと泳いで行くこと。それはとてもアフリカ的で、「毎日を精一杯生きるだけ」と言った龍さんと重なる気がするのだ。

出会ったばかりの頃、龍さんにどんな花が好きですかと尋ねたことがある。

彼は「グロリオサ」と答えて、写真を見せてくれた。赤と黄色の燃えさかる炎のような花だった。アフリカ原産の花で、フランスではめったに手に入らない。もしその花がここにあったら、太陽のようにこの街を照らすだろう。

ただ、そこにあるだけで。

あとがき

一年も住めば充分だと思っていたのに、気づけば六年近くになっていた。今は思う。パリに来たのは単なる偶然だったけど、自分には必要なことだったのだと。

パリの日本人に話を聞き、文章にすることは、それまでの自分自身からのリハビリのようなものだった。パリに来る前の私は、いつもちょっぴり疲れていた。それは東京という街のせいではなく、他ならぬ自分自身のせいだった。

東京にいる頃、私はそれなりにがんばる人だった。多くの目標が常に目の前にあり、それに向かってよく努力をしていた。でも問題は、一つをクリアすると別のゴールが現れること。それはいつか就きたい職業に関連する試験だったり、もっと広い部屋に引っ越すことだったり。とにかく、またがんばることになるので、いつも急いでいて時間がなかった。

パリに来てみれば、何もパリジャンだけではなく、ここの日本人たちの多くが、とてもノビノビと生きていた。誤解を生まないために付け加えれば、パリの日本人が目標もなくダラダラと生きているという意味ではない。むしろ、多くの人が「何者か」になるべく、努力をしている。しかし、パリではその方法がまるで違う。この街には、「あるべき姿」がない。

本書に登場した十人の日本人は、ロールモデルや周囲の期待、常識といったものと自分を照らし合わせるのではなく、ただひたすらに自分の内なる声に耳を傾けていた。「なりたい自分」を形作っているのは、自分自身のようだった。余計なものを背負いこまないシンプルさが、彼らに余裕と潔さを与えていた。

「僕の生き方なんか誰の参考にもならないですよ。しょうもない人生ですから」

そう言ったのはパリコレで活躍するスタイリストの人だ。もっと成功している人がいるから紹介しましょうか、とも言ってくれた。

「いえ、いいんです、私は誰かの参考になるような話やサクセスストーリーを聞きたいわけではないんです」

そう答えると、彼は戸惑っていたが、私は内心嬉しかった。「しょうもない」話は一見すると「普通の人生」と呼ばれるような内容かもしれないが、その蓋を開ければ、二つとない話だということはわかっていた。

この本に登場することを了承してくれた全ての人に、心からの感謝を伝えたい。話を聞き始めた当初は、本としてまとめることはおろか、発表する媒体もなかった。その海のものとも山のものともつかない私のインタビューを、とても温かく受け入れ、根気よく話を聞かせてくれた。中には五年以上の時間をかけて、少しずつ話を聞かせてくれた人もいる。「思いついたらカタチにしないとね」とハッパをかけてくれた人もいた。

私は、過去や未来だけではなく、その根底に流れる考え方や悩み、醜い感情、誰かを愛する気持ちなど、ありとあらゆることを知りたかったので、この本を書く作業は、予想以上に長いプロセスとなった。それに付き合ってくれた人たちに、何度ありがとうと言ってみても、まだまだ足りないように感じている。

そして、「普通の人生」を描いても面白くないと言われ続けた中で、この本を世に出すために手を差し伸べてくれた大島加奈子さんに大きな感謝を。そのきっかけを作り、勇気を与えてくれた加藤裕之さんにも。そして、一年間かけて一緒に写真を撮ってくれた最高の同志の神部シュンさんへ。古くからの友人であり、素敵な装画を描いてくれた土屋君へ。最後に、いつも応援してくれた私の家族と亡き父へ、本当にありがとう。


こんな本を書くと、世の中の人は、私はパリが大好きだと思うかもしれない。どうだろうか。たぶん、好きだとは思う。でも、実際に生活していると嫌いな部分もいっぱいあるのも本音だ。地下鉄ストライキのせいで一時間も歩いたあと、おしゃべり好きなスーパーのレジのおばさんがつくりだす行列に並ぶ時、パリが好きなんてやっぱり言えない。でも、気づけば全ては帳消しになっている。セーヌ川にかかる橋でピクニックをする午後。誰かが路上で弾くギターの音色が響く夕暮れ。友人が金色のリンゴのタルトを持って家に遊びにくる週末。一人でカフェに座って温かいカフェオレを飲む瞬間。いやなことの全てを忘れている。良いことも、悪いこともひっくるめてパリという街がある。

パリで六年近くを過ごした今は、自分を無理に奮い立たせることがなくなった。近所の公園の芝生に寝転び、本だけ読んで一生を過ごしてもいいではないかと、今は思う。だって、人は本当にどう生きることもできる。

私は、もうすぐこの街から引っ越す予定だ。もう充分に楽しんだし、また別の場所で生活してみたいと思うようになった。せっかく見つけた安定した仕事を辞め、また知らない世界に飛び込もうとするのは、パリで出会った人々の影響なのは間違いなさそうだ。

この先、パリに住むことはたぶんもうないと思う。でも、ずっと忘れない。友人たち、一緒に見た風景、飲んだお酒、太陽、ただ話し続けた、たくさんの夜。そして、がんばれない私を受け入れてくれた懐深い自由の街を。